동양고전에서 찾은 마음공부의 힘

마흔은 어떻게 단련되는가

신창호

동양고전에서 찾은 마음공부의 힘

마흔은
어떻게
단련되는가

신창호 지음

위즈덤하우스

흔들리는 마흔을 위한 마음공부

오늘날 불확실성의 시대를 살아가는 마흔들의 삶은 휘청이며 흔들리고 있다. 그들은 자신의 일과 삶에서 승부를 보기 위해 눈앞의 이익만을 추구하고 치열한 경쟁 속에서 숨 가쁘게 살아오느라 뒤를 돌아볼 여유가 없었다. 그러나 이제는 자신을 지탱해온 가치나 삶의 근본적인 방식에 대한 고민과 반성도 필요한 시점이다. 지금까지 쫓아온 성공이 궁극적으로 무엇을 위한 것이었는지, 그리고 남은 인생을 더 가치 있게 만들기 위해 어떻게 해야 하는지 자신을 들여다봐야 하는 때이다.

공자는 마흔을 '불혹(不惑)'이라고 했다. 40대를 불혹이라고 한 것은 인생의 과정에서 자신의 학문이나 신념이 나름대로 확고해지고 다른 것에 미혹되어 흔들리지 않을 시기가 되었음을 의미한다. 그것은 나와 너, 인간과 사회, 그리고 우주자연을 포괄하여 이 세상을 바라보는 시선의 전환이다. 20대의 열혈 청춘이 자기를 시험하며 혼돈을 겪은 후, 서른 즈음의 형형색색이던 마음의 프리즘을 지나 마흔에 들어서면서 의심의 눈초리를 거두어들이고 이제 자신을 온전하게 펼쳐가는 자기 신뢰를 확보해야 한다.

그러기 위해서 마흔은 마음공부를 통해 점층적으로 자신을 단련하는 과정이 필요하다. 마음을 추스르고 단단히 조여서, 미혹을 잠재울 수 있다면 마흔의 삶은 제2의 서막을 열게 될 것이다.

사람들은 대부분 이렇게 말한다. "모든 일은 마음먹기에 달렸다"라고. 정말 그런가? 나는 이렇게 말하고 싶다. "어떤 일이든 마음먹은 대로 되기는 정말 어렵다!"라고. 지금껏 살아오면서 마음먹은 대로 이룬 일이 얼마나 되는지 한번 되돌아보라. 특히 마흔의 문턱에 들어선 사람들이라면 후회나 미련도 없이 성취감과 만족감으로만 가득 찼다고 말하기는 힘들 것이다. 또한 자신의 삶에 대해, 마음을 기쁘고 즐겁게만 가꾸어온 사람이 몇이나 될까?

동서고금을 막론하고 마음의 문제는 저 바다의 아득한 심연과도 같다. 그런 까닭인지, 마음은 내 안에 존재하는 나 자체이면서도 가장 알기 힘든 탐구의 대상이었다. 특히, 동양의 전통 사회에서 마음은 사상을 불문하고, 수양의 중심이었다. 조선시대 지성의 상징인 퇴계의 경우, 마음 수양의 경전인《심경(心經)》을 목숨처럼 믿었다. 그리고 일생을 마음을 공부하고 수양하는 일에 매달렸다.

그렇다면 마음은 도대체 무엇이며, 마음공부를 왜 해야 하는 것일까?

잘 알다시피, '마음'이라는 말은 한자로는 '심(心)'이다. 심(心)은 심장(心臟)의 모양을 본뜬 글자다. 심장이 어떤 기능과 역할을 하는가? 심장은 사람의 생사를 가름하는 기준이다. 또한 심장은 온몸에 피를 순환시켜 활력을 불어넣어주며 우리 삶의 약동이 된다. 그렇기에 심은 우리 몸의 핵심에 자리하는 가슴에 담겨 있어 '가운데' 있다는 의미로 중(中)과도 상통한다.

어원으로 볼 때, 마음은 순 한글로 'ᄆᆞ슴/ᄆᆞ숨'에서 비롯되었다. 'ᄆᆞᅀᆞ다'와 뿌리가 같다. 'ᄆᆞᅀᆞ다'는 '어떤 사물을 갈거나 부숴 아주 작게 나누는 것'을 뜻한다. 그러므로 마음은 어떤 사물을 하나하나 잘게 부숴 작게 나누고, 그것을 다시 통합해서 볼 수 있도록 하는 일종의 힘이다. 이른바, 분석하고 종합하는 것이다. 전체를 하나하나의 부분으로 나누는 동시에 그 부분을 다시 전체로 묶는 일은 무언가를 느끼고 알게 만든다. 이때 부분으로 나누는 일과 전체로 묶는 일은 모두 'ᄆᆞᅀᆞ다'라는 말에 기초하고 있는 '매다'와 통한다. 일상생활에서 '붙들어 매다', '끈을 매다', '김을 매다'와 같은 용례를 통해서도 그 뜻을 엿볼 수 있다. 그만큼 마음은 매여 있는, 붙들어 매거나 붙잡아 매는 존재다.

우리 마음은 상황에 따라 다양하게 호응하기에, 마흔에 접어들었다면 좀더 자주 붙들어 매야 한다. 그것을 통상 '마음을 잡는다', '마음에 매인다', '마음에 얽매인다' 등으로 표현하고, '마음에 둔다'라고 하지 않는가! 이를 한자어로 말하면, '조심(操心)'이라는 말로 전환된다.

문제는 마음이 무엇인지, 그 존재와 의미를 규명하는 작업이다. 그렇다면 우리는 어디에서 마음을 찾을 수 있을까? 마음은 생물학적으로는 그냥 심장일 뿐이다. 염통이라고도 한다. 하지만 마음은 형이상학적으로 무형의 상징이 될 때, 누가, 언제, 어디에서, 어떻게, 왜, 살펴야 하는지, 인간 삶의 고민을 유도하는 하나의 불가사의(不可思議)가 된다. 동양의 그 많은 사상가들이, 이 보이지 않는 마음을 수양해야 한다고 했으니, 이는 또 무슨 소리인가? 이 책은 바로 이러한 관심(關心)에 집중한다.

표현하는 말은 많으나 여전히 우리에게 또렷하게 다가오지 않는 마음의 문제를 '공부'라는 형식을 빌어 탐구해보려는 것이 이 책의 목적이다. 우선 유교를 비롯하여 동양의 사유에서 마음과 마음공부의 문제를 어떤 차원에서 접근하는지 살펴볼 것이다. 또한 동양 고전에서 다루는 마음의 문제를 현 시대에 맞게 새롭게 풀이해볼 것이다.

이어 동양의 맹자, 순자, 주자, 한비자, 묵자, 장자, 관자, 등의 여러 선현들과 불교에서 깨달았던 마음의 문제와 공부 방법에 대해 다룰 것이다. 그들이 말하고 느낀 숨결을 따라가며 마음이 추구해야 하는 방향을 탐색해보았다.

이 책의 본문에서 인용한 원문 번역은 '마음공부'에 초점을 맞추어 의역하였고, 원문은 가능한 한 생략하고 마음공부의 방법을 이해하기 위해 최소한으로 제시하였다. 각 장의 구성은 장별로 경전이나 사상가의 이해를 위한 간략한 설명과 마음공부 방법으로 대별하였다. 각 장별로 독립성을 지니고 있어 순서대로 읽지 않아도 좋다.

바깥을 보니 단풍이 한창이다. 절기를 살펴보니, 24절기 중 19번째 절기인 입동(立冬), 겨울의 시작이다. 보름 뒤면 소설(小雪)에 들어서 첫눈이 내리고 얼음이 얼기 시작하겠지만, 내 마음은 심장이 설레이는 고동만큼 헐떡이고 있다. 아니, 추위를 맞으며 즐기고 있다. 어쩌면 그렇게 살아 있는 심장을, 마음을 이제껏 잊어버리고 살았는지도 모르겠다.

잊어버리고 있었던 마음을 다시 돌아볼 기회를 준, 위즈덤하우스 연준혁 대표와 배민수 분사장, 그리고 난삽한 글을 편집해준 정지은 편집자에게 고마운 마음을 전한다.

2015년 11월 입동절에
남양주 청옹정사(淸瓮精舍)에서
신창호

차례

제1장

삶을
아름답게 하지 않는
공부는
헛공부다

마음공부, 사람됨을 완성하는 힘

내 마음이 무엇인지도 아직 모르겠는데 그에 대한 공부를 하라고 하니 막막한 기분이 들 것이다. 그러니 우선 마음공부를 시작하기 전에 마음공부란 무엇인지, 왜 마음공부를 해야 하는지부터 알아보자.

미국의 철학자 존 듀이는《확실성의 탐구》에서 다음과 같이 말했다.

"철학의 임무는 장애물을 찾아 헤치는 일이다. 앞길에 장애가 되는 정신의 여러 습성을 비판하는 것, 현대생활에 합치되는 여러 요구를 반성하는 데 집중할 것, 생활의 전 국면에서 목적과 가치에 관한 우리의 신념에 대해 과학의 여러 결론이 어떤 결과를 가져올지 생각하면서 그것을 설명하는 일 등이다."

이러한 실용주의 사유를 가슴에 품은 사람들은 미국의 서부 개척자들이 자신의 경험을 바탕으로 자연환경과 사회를 변화시켰듯이, 모든 사물을 개척하고자 했다. 그리고 그 과정에서 '모든 사물은 끊임없이 유동적이며 운동하고 변화한다'는 사유를 발견했다.

내가 이 책에서 마음의 문제를 대하는 것도 바로 이런 사유와 통한다. 사람은 탐구를 통해 자신을 알고, 타인을 알고, 사회를 알아가며 삶을 꾸려 나간다. 마음공부 역시 탐구를 통해 자신의 마음에 다가가는 과정이다. 그렇다면 마음은 과연 무엇이며, 공부가 의미하는 것은 무엇인지부터 고민해보자.

'공부'라고 하면 가장 먼저 무엇이 떠오르는가? 아마 국어, 영어, 수학, 과학과 같은 교과목 학습이 떠오를 것이다. 일반적으로 공부라고 하면 이렇듯 학문이나 교육, 전공 등 지식(知識, Knowledge)의 문제와 연관시키는 경향이 있다. 특히 학교나 학원 등과 같은 전문 교육기관의 기능과 역할을 생각하거나 객관적인 교육 시스템을 갖춘 조직에서의 행위로 인식하기 쉽다. 그러다 보니 공부는 누군가, 혹은 무엇인가에 의해 '시켜지는 것'으로 생각하는 경우가 많다. 따라서 '나는 지금 무언가를 공부하고 있다'라는 자발적 의사 표시에도 '누구에게 뭘 배우는데?'라는, 자신도 모르게 타자에게 의지하는 행위로 생각하기 십상이다.

어린아이들의 경우 공부라고 하면 거의 모두 좋은 학교 진학과 연관된다. 사실 아이들은 공부보다는 놀이하는 데 관심이 많다. 엄밀히 따지면, 아이들은 놀이하는 존재다. 피곤해서 잠에 곯아떨어질 때까지 끊임없이 개구쟁이 짓을 하며 정신없이 놀려고 한다. 나 역시 마찬가지였다. 그러다가 엄마나 형, 누나에게 엄청나게 야단을 맞기도 했다. 이렇게 놀기 좋아하는 아이들이 과연 자발적으로 공부를 하겠는가? 요즘 유행하는 자기주도학습을 하는 아이들이 과연 있을까? 아이들이 스스로 공부한다면, 모르긴 해도 거기에는 그에 상응하는 거대한 울타리가 있다. 그 울타리의 상당 부분은 엄마다.

"엄마가 공부하라고 했어!"

"공부 안 하면 엄마한테 혼나!"

"공부하면 엄마가 맛있는 거 사 준다고 했어" 등등.

그것은 좋게 말하면 공부에 대한 '동기부여'지만, 나쁘게 말하면 공부를 싫어하는 아이들을 꾀어내는 일종의 유혹이다. 아이들을 유혹해 공부하게 만드는 덫이자 수단이다.

이쯤에서 한번 생각해보자. 우리나라 중고등학생이나 대학생의 경우 얼마나 자율적으로 공부를 하는지. 중고등학생들의 대부분은 학원을 다니거나 자율학습을 한다. 새벽부터 밤늦게까지, 그야말로 쉴 새 없는 공부의 연속이다. 이유는 간단하다. 좋은 대학에 들어가야 하니까. 명문대학 입학이 꿈의 전부인 학생도 많다. 그래야 집안을 빛낼 수 있으며, 사회에서 인정받을 수 있기 때문이다. '주변의 많은 사람들이 너에게 기대를 하고 있다!'라는 보이지 않는 압박도 공부를 하는 주요한 이유 중 하나다.

어른들의 경우는 어떤가? 스스로 무슨 공부를 하고 있는지 생각해 본 적 있는가? 요즘은 자기계발에 대한 욕구가 높아져 공부에 대한 관심이 부쩍 증가했다. 이런 추세와 더불어 글로벌 시대, 디지털 시대에서 살기 위해 해야만 하는 공부는 끊임없이 생겨난다. 시대가 공부를 할 수밖에 없게 만드는 것이다. 컴퓨터, 인터넷은 물론, 핸드폰까지 마스터해야 하고, 외국어 구사 능력을 비롯해 트렌드에 뒤처지지 않기 위해서는 엄청나게 많은 지식들을 익혀야 한다. 이것은 자신의 의지와 무관하게 변화하는 시대에 적응하고 생존하려는 몸부림에 가까운 것이다.

이처럼 어린아이에서 어른에 이르기까지, 새로운 지식을 확보하는 과정을 흔히 공부라고 한다. 그런데 이러한 공부가 지식 확보를 중심으로 진화한 이유는 교육이나 학문의 과정이 대부분 지식을 습득하고 응용하는 것으로 인식되어 있기 때문이다.

예컨대, 농부가 씨앗을 뿌리고 김매고 수확하는 행위나, 노동자가 고난도의 기술을 발휘해 상품을 생산할 때, 우리는 "공부한다"라고 말하지 않는다. 그냥 "농사를 짓는다"라고 하거나, "일을 한다"라고 표현한다. 축구 선수가 축구를 잘하는 경우에도 "공부를 잘한다"라고 하기보다는 "운동을 잘한다"라는 식으로 공부와 운동을 분리해서 말한다. 친구와 어떤 문제에 대해 심도 깊은 대화를 하거나, 사람 사이의 다툼과 화해, 시기와 질투, 실수와 용서 등 삶의 다채로운 문제를 해결할 때도 그것을 공부와 연결시켜 의미를 부여하지는 않는다.

어쩌다 '공부 = 지식 습득'이라고만 생각하게 되었을까? 그 이유는 다양하지만, 특히 그중에서도 서구 근대교육의 영향이 막대하다. 교육의 과학화를 부르짖으며 등장한 세련된 서구의 교육이론들은 학교라는 교육기관에서 과학적 지식의 보급을 통해 인간을 규격화하고, 그것이 인간됨의 올바른 길인 것으로 착각하게 만들었다. 물론 두뇌를 명석하게 발달시키는 것이 곧 지혜로운 사람으로 만든다는 논리는 설득력이 있었다. 하지만 사람이 왜 살아야 하는지, 사람이 무엇인지, 사회가 무엇인지 등 보다 근본적인 삶의 총체적 모습을 고민하는 데는 미흡했다. 특히 인간의 삶을 아름답게, 희로애락이 충만한 예술적 차원으로 끌어올리는 데는 성공하지 못했다.

공부는 그저 국가의 근대화, 경제발전, 경쟁력 제고를 위한 바탕으로만 작용했고, 개인에게는 부귀영화를 위한 삶의 수단으로써만 기능해왔다. 그렇다고 서구의 근대교육이 우리 사회 발전에 공헌하지 않은 것은 결코 아니다. 우리 생활에 일대 혁신을 가져온 밑거름으로 큰 공헌을 했다. 다만 아쉬운 점은, 개인의 머리는 거대하게 만들었으나 가슴과 다리는 왜소하게 만드는 기형적 현상을 낳았다는 것이다. 지식 확보를 통해 인간의 인지능력은 탁월해졌으나, 인간미 넘치는 따스한 인성은 챙기지 못했다. 즉, 따스한 가슴과 튼튼한 다리로 세상을 올곧게 사는 힘을 기르는 것을 간과해왔다. 그것을 기르는 힘이 바로 마음공부다.

누구나 자기만의 공부가 있다

그렇다면 공부는 어떤 것이어야 하는가? 다시 공부의 의미로 돌아가보자. 위에서 언급했듯이, 공부는 지식과 직결된다. 이는 동서고금을 막론한 엄연한 사실이다. 그러나 그런 형식적인 공부와 질적으로 아주 다른 차원의 공부가 존재한다.

'공부'라는 말은 영어로 '스터디(Study)'에 해당한다. 이는 '개념적 지식의 한계를 넓힌다'라는 의미를 지니고 있기에 실제로 지식 공부가 대부분을 차지한다.

그런데 한자로 공부(工夫)라는 말은 이와는 상당히 다른 의미를 지닌다. '공부'는 '공부(功扶)'와 같은 뜻이다. '공(工)'에 힘을 의미하는 '력(力)'이 합쳐지면서 '공(功)'은 곧 '성취'를 뜻하고, '부(夫)'에 손을 의미하는 '수(手:扌)'가 합쳐지면서 '부(扶)'는 곧 '도움'을 뜻하는 말로 의미가 확장되었다. 그러므로 공부는 '무엇을, 혹은 누구를 도와 성취한다'는 말로 뜻이 넓어졌다. 이때 공부의 대상은 단순하게 개인이 습득하려는 객관적 지식만을 의미하지 않는다. 삶이 필요로 하는 이론과 실천의 모든 것이다.

성리학의 요체를 담고 있는 《근사록(近思錄)》〈위학(爲學)〉을 보면, 공부에 관해 의미심장한 구절이 하나 나온다.

친구들과 어울려 토론하고 학습할 때, 서로를 관찰하면서 착하게 보듬어 주는 공부가 많아야 한다. 그렇게 공부하고 함께 논의하며 노니는 것보다 좋은 방법은 없다.

[朋友講習, 更莫如相觀而善工夫多.]

이는 친구들이 공부하는 모습을 보면서 서로 느끼고, 나누고, 응용하는 배려의 모습을 뜻하는 것이다. 여기에서 "서로를 관찰하면서 착하게 보듬어 주는 공부가 많은 것, 함께 논의하며 노니는 것보다 좋은 방법은 없다"라는 말은 유가의 경전인 《예기(禮記)》〈학기(學記)〉에 나오는 공부 방법에서 유래했다. 〈학기〉에서는 네 가지 공부 방법을 제시한다. 첫째는 예(豫)이고, 둘째는 시(時)이며, 셋째는 손(孫)이고, 넷째는 마(摩)이다.

예는 '잘못을 미연에 방지하는 마음 상태'를 의미하고, 시는 '때에 적절하게 깨달음을 얻는 것'을 말하며, 손은 '자기의 직분과 능력을 넘어 무리하지 않는 겸손'을 뜻하고, 마는 '항상 끊임없이 서로를 본받으며 몸을 닦는다'라는 말이다.

[禁於未發之謂豫, 當其可之謂時, 不陵節而施之謂孫, 相觀而善之謂摩.]

즉 이런 점에서 '공부'라는 말은 '예-시-손-마' 하는 방법을 인용하는 과정에서 탄생한 것이다. 따라서 '예방하다', '깨닫다', '겸손하다',

'끊임없다', '서로 본받다', '몸을 닦다' 등의 말의 의미를 잘 살펴보아야 한다. 특히 '서로'라는 말 속에서 '나'와 나 아닌 '타인'이 마주하고 있음을 눈여겨보아야 한다. 나 혼자 머리를 써서 인지적 활동을 하는 것만을 공부라고 할 수 없다. 그것도 공부의 일종이긴 하지만 공부 전체를 포괄할 수는 없다. 개인적 노력을 포함해 나를 둘러싸고 있는 주변을 주의 깊게 관찰할 때, 공부는 조금씩 그 윤곽을 드러낸다.

'예-시-손-마' 하는 공부 방법의 하이라이트인 마(摩)는 갈고 문지르고 비비는 행위다. 무뎌진 칼도 갈면 날카로운 칼이 된다. 어떤 물건을 문지르고 비비는 행위는 결국 새로운 것으로 거듭나게 해 다시 일을 시작할 수 있는 희망의 상징이 되는 것이다. 특히, 친구들과 함께 공부하는 가운데 서로 관찰하면서 갈고닦아 선해지는 일, 공부는 그 과정에서 몸을 닦는 작업이다.

이런 닦음의 모습은 일본어와 중국어의 '공부'라는 말에서 그 단서를 발견할 수 있다. '공부'는 일본어로 '쿠후우'로 발음하는데, '무엇인가에 대해 요리조리 궁리하는 것'을 의미하는 말이다. 즉 수단이나 방법을 강구하는 것을 뜻한다. 중국어의 경우, '공부'는 '쿵후'로 발음하는데, 어떤 기술자가 자기 분야에서 놀라운 실력을 발휘할 때 쓰는 말이다. 예컨대, 목수가 나무를 정교하게 깎는다거나, 요리사가 식칼을 자유자재로 사용한다든가 할 때, '공부가 대단하다', '공부가 제대로 된 사람'이라고 한다. 다시 말하면, '어떤 사람이 무엇을 도사같이 잘한다'라고 할 때 이른바 탁월함(Excellence), 전문가의 경지에 도달하는 과정을 공부라고 한다. 상당한 수준에 이른 달인의 경지라고나 할까.

이렇게 본다면, 공부는 단순히 지식을 습득하는 작업을 포함하여 삶의 전 능력을 포괄하는 개념이다. 엄밀히 말하면, 공부는 '배우다', '학문을 실천하다'라는 말보다 훨씬 구체적이고 적극적인 노력이 투영되는 것이다. 그것은 중국 역사에서 공부라는 용어가 '노력하다', '애쓰다'라는 의미의 일상용어로 사용된다는 데서도 확인할 수 있다.

공부는 '일상생활에서 구체적인 사안에 대해 탁월한 능력을 발휘하기 위한 노력의 과정'으로 이해되어야 한다. 즉 공부는 모든 인간의 삶에 깃들어 있는 활동이며, 그 활동의 승화를 위해 노력하는 신성한 작업이다.

이런 인식을 전제로 본다면, 공부는 조각난 지식들을 단편적으로 습득하거나, 정돈되고 체계적인 지식을 확보하는 학교 교육, 다양한 차원의 제도적·형식적 교육에 그치지 않는다. 우리가 '공부한다'고 했을 때, 그 공부가 무엇을 위한 어떤 부류의 공부인지, 삶의 전체 맥락에서 그 동기, 목적, 과정, 내용, 방법 등을 구체적으로 고민하고 말해야 하는 것이다. 예컨대, 몸을 수련한다면 '몸 공부'라고 하고, 자동차 정비를 능수능란하게 잘하는 숙련공이라면 '기술 공부'를 한 사람이고, 다른 사람들을 위한 봉사 활동과 그런 정신에 투철한 사람이라면 '서비스 공부'를 열심히 한 사람으로 보아야 한다. 다시 말하면, 그 사람이 구체적으로 종사하는 영역에 따라 '공부'의 면모가 다르게 드러나는 것이다.

이런 점에서 공부는 지식을 전문적으로 다루는 학자들만의 전유물이 결코 아니다. 아이들은 아이들 나름의 공부가 있고, 청소년들은 그들 나름대로, 어른은 어른의 삶에 맞는 공부가 있다. 학자는 자기 전공 영역이 있고, 예술가는 자신만의 독특한 예술 세계가 있으며, 장인은 흔히 말하는 장인 정신이 있다.

어디 그뿐인가? 인간은 모두 특정 부류의 직업에 종사하거나 각자 자신만의 일을 한다. 이 모두는 공부의 과정과 공부 내용의 차이, 공부의 수준과 정도를 말해준다. 어떤 사람은 공부를 하고 있고, 어떤 사람은 공부를 하고 있지 않은 것이 아니다. 인간은 누구나 자기 공부를 하고 있다. 우리가 헤아릴 수 있는 것은 자신의 공부에 얼마나 충실한가에 따른 삶의 무게와 깊이다.

공부는 그것이 어떤 형태이건, 이미 생활 자체다. 인간으로 살아간다는 총체적 연관 속에 이미 존재하고 작용하고 있다. 따라서 인간의 모든 행위는 이미 공부의 상황이요, 삶의 도정(道程)이다. 그것은 직업에 종사하는 사람들의 사람됨의 과정이자, 자신의 삶을 예술로 끌어올리는 차원의 매우 실제적인 작업이다.

우리의 삶에서 공부의 과정을 구체적으로 보여주는 것이 앞서 말한 직업이다. 직업의 세계에서 공부는 전문성 확보와 관련된다. 전문성 확보는 끊임없는 노력의 결과요, 공부가 효과를 발휘하는 지점이다. 모든 인간이 나름의 분야에서 노력을 통해 자신의 입지를 굳건히 할 때, 공부의 수준을 논할 수 있다.

자신이 처한 자리에서 올바르게 존재할 때, 우리는 "그 사람 무엇무엇답다"라고 말한다. 아이에게는 '아이답다', 학생에게는 '학생답다', 부모에게는 '부모답다', 선생에게는 '선생답다' 등, 그 사람이 맡은 직책과 지위에 따라 그에 걸맞은 행위와 태도를 보일 때 '답다'라는 말을 쓴다. 이 "답다"라는 말을 들을 때, 바로 공부가 경지에 올랐다고 볼 수 있다. 자기가 해야 하는 공부가 경지에 오른 사람은 달리 말하면 '사람다운 사람'이요, 인격과 성격을 두루 갖춘 사람이다. 이들을 우리는 '인격자'라거나 '교양인', '지성인' 등 다양한 표현을 통해 성숙한 인간으로 대우하게 된다.

잘삶을 위한 마음의 기술을 터득하라

공부는 단순히 지식을 확보하거나 획득하는 과정을 훨씬 넘어서 존재한다는 것을 이야기했다. 그렇다면 청소년 시기에 학교에서 성적으로 1등하는 것은 의미가 없는가? 그건 아니다. 학교에서 배운 지식, 그 분야에서 1등이라는 말은 여전히 유효하고 의미가 있다. 그러나 그것이 인생의 모든 부분에서 공부를 잘한다는 의미는 결코 아니다.

"학교에서 우등생, 사회에서 별 볼일 없더라"라는 뼈 있는 농담도 있지 않은가. 왜냐하면 공부는 학교에 다니는 학생이나 취직을 준비하는 사람, 교육에 종사하는 사람 등, 일부에 국한되어 쓰는 말이 아니기 때문이다. 공부는 사람이라면 누구나 자신의 삶의 과정에서 필연적으로 실천해가는 행위의 총체다.

그렇기에 공부는 본질적으로 우리 인생을 관통하고 있다. 중요한 것은 무슨 공부를 어떻게 하느냐, 그리하여 삶의 아름다운 질을 보장할 수 있느냐의 문제다. 특히, 공부는 '잘삶'의 조건을 갖추고, '잘삶'의 과정을 지속적으로 실천하는 일과 연관된다. 따라서 우리는 우리의 잘삶을 변주할 수 있는 기술, 삶을 예술적 경지로 끌어올릴 수 있는, 사람다움을 향한 테크닉을 터득해야 한다. 삶을 위한 최적의 기법이나 기술 확보, 그것을 공부해야 한다.

그렇다면 그것이 어떤 공부인가? 우리의 전통적인 공부 형성에 결정적 기여를 했던 유학, 특히 《대학장구(大學章句)》〈서문〉에서는 그것의 대강을 다음과 같이 밝히고 있다.

모든 사람은 태어날 때부터 인의예지(仁義禮智)라는 착한 본성, 선한 마음을 지니고 있다. 그러나 사람마다 제각기 타고난 기질(氣質)에 차이가 있다. 그러다 보니 사람에 따라 자신에게 선천적으로 착한 마음이 있는 것을 인식하고, 그것을 온전하게 만들어가는 사람이 있는가 하면 그렇지 못한 사람도 있다.

[蓋自天降生民, 則旣莫不與之以仁義禮智之性矣. 然其氣質之稟或不能齊. 是以不能皆有以知其性之所有而全之也.]

유학은 맹자의 사고를 이어받으면서 선한 인간성, 착한 마음을 기초로 사유를 전개했다. 맹자는 인간의 본성을 착할 수 있는 가능성으로 보고 그 의미를 넓히려 했다. 그것이 잘 알려진 성선설(性善說)이다. 아마 성선설은 세계 최초로 맹자가 제기한 사유인지도 모른다. 기독교가 원죄설(原罪說)을 말하고, 순자가 성악설(性惡說)을 강조하는 데 비해 인간이 착하다는 가정에서 삶을 긍정적으로 유도하려는 시도는 나름대로 신선하다.

하지만, 정말 인간의 마음이 착한가? 그렇다면, 착하다는 것은 무엇인가? 착한 마음의 내용은 어떤 것인가?

뒤에서 다시 설명하겠지만, 성선설에서 말하는 착할 수 있는 가능성으로서의 마음은 다음의 네 가지다. 측은지심(惻隱之心), 수오지심(羞惡之心), 사양지심(辭讓之心), 시비지심(是非之心). 맹자는 단호하다. 이 네 가지 마음이 없는 인간은 사람도 아니란다. '측은지심'은 가슴 쓰라리게 아파하며 불쌍해하는 마음이고, '수오지심'은 부끄러워하는 마음이며, '사양지심'은 양보하는 마음이고, '시비지심'은 옳고 그름을 판단할 줄 아는 마음이다. 이 네 가지 착함의 단서인 사단(四端)은 모든 인간이 선천적으로 타고난 마음이다. 이것이 공부를 유발하는 계기가 된다.

그런데 인간은 '사단'이라는 착한 마음, 그 보편성을 지니고 있음에도 불구하고 개인마다 다른 특수성을 지니고 있다. 그것이 이른바 기질이다. 기질은 누구나 지니고 있다. 그러나 모든 사람이 다르게 갖고 있다. 급한 사람, 느슨한 사람, 딱딱한 사람, 부드러운 사람, 강한 사람, 약한 사람, 이성적인 사람, 감성적인 사람 등 지구상의 70억 인구는 제각기 나름대로의 기질을 지니고 있다.

퇴계에 의하면 기(氣)는 숨을 내쉬고 들이마시는 호흡과 같이 순환하며 움직이는 운동이다. 질(質)은 귀나 눈과 같은 이목(耳目)의 형체를 말한다. 이러한 기질은 크게 두 가지로 나뉜다. 맑은 것과 흐린 것, 이른바 청탁(清濁)이다. 기질이 맑은 사람은 물욕에 가리지 않고, 흐린 사람은 물욕에 가리기 쉽다. 물욕은 '사물에 대한 욕망'이다. 견물생심(見物生心)이라고 했던가? 사람은 물건을 보면 욕심이 생기게 마련이다. 욕심이 없는 사람은 없다. 정도의 문제다. 단순하게 물욕만을 추구하는 사람은 끊임없는 욕망에 사로잡힌다. 그럴 때 인간의 비인간화 현상이 발생한다.

공부는 다름 아닌 바로 이 물욕을 다루기 위한 삶의 기술에서 출발한다. 맹자는 인간은 누구나 착한 본성을 지니고 있다고 가정했다. 그러나 인간은 그것을 맑고 깨끗하게 닦아가지 못하고, 흐리고 더러운 곳으로 떨어지려는 경향도 동시에 지니고 있다. 그러므로 우리가 탁한 곳으로 추락하지 않도록 다잡게 해주는 것이 바로 공부다. 다시 말하면 착한 본성을 인식하고 그것을 맑게 지속해가려는 행위가 공부의 원인이며, 이것이 바로 내가 이 책에서 탐구해보려는 마음공부다.

내버린 마음을 찾는 것이 공부의 길이다

마음공부를 탐구하기 위해 나는 혹은 우리는 누구인지 고민할 필요가 있다. 칼 구스타프 융은 《인간과 무의식의 상징》에서 인간의 무의식에 대해 다음과 같이 말했다.

"우리가 의식적으로 보거나 듣고, 그 후에 잊어버린 것들. 우리 모두는 많은 것들을 그 당시에는 특별히 주목하지 않은 채로 보거나, 듣거나, 냄새를 맡거나, 맛을 본다. 그것은 우리의 주의가 다른 곳에 쏠려 있거나 또는 우리의 감각기관에 대한 자극이 너무나 미약해서 의식적 인상을 남길 수 없기 때문이다. 그러나 무의식은 그런 것들에 주목한다. 이와 같은 잠재적 지각은 우리의 일상생활에서 중요한 역할을 한다. 여러 가지 잠재적 지각은 우리가 인식하지 못하고 있는 가운데 어떤 사건이나 사람에 대한 우리의 반응양식에 영향을 미치고 있다. 이처럼 무의식이 단지 과거의 창고에 불과한 것만이 아니고 미래의 정신적 상황과 생각들이 가능성으로 꽉 차 있다는 발견이 나에게 마음에 대한 새로운 접근을 하게 만들었다."

융의 지적처럼 우리의 무의식에는 조선시대를 풍미했던 유교라는 전통이 지울 수 없는 흔적으로 남아 있다. 때문에 유교가 지시하는 마음의 문제를 먼저 돌아보는 것이 우리의 마음공부를 위해 필요할 것 같다.

조선 유교의 우상이라고 할 수 있는 주자(朱子)는 형용하기 어려운 마음에 대해 '허령불매(虛靈不昧)'라고 언급했다. 텅 비어 있으면서도 신령스럽고 어둡지 않다는 뜻이다.

비어 있다. 신령스럽다. 어둡지 않다.

이 세 마디 말에 담긴 뉘앙스가 참으로 묘하다. 마치 혼돈을 즐기려는 듯 언어의 연금술을 구사하고 있다. 내 가슴 깊숙이 존재하는 저 마음, 도대체 마음이란 무엇일까?

또한 유교에서 마음의 문제는 흔히 '16자 심법(心法)'에서 그 근원을 찾는다. 16자 심법은 인간의 삶과 공부의 양식을 16자에 농축해놓은 유교 공부의 대선언에 해당한다. 그것은 다음과 같다.

인심유위(人心惟危),
도심유미(道心惟微),
유정유일(惟精惟一),
윤집궐중(允執厥中).

일상에서 사람의 마음은 위태롭기만 하다. 그런데 올바른 길을 지키려는 도덕적 마음은 겉으로 드러나지 않은 형태로 보존되어 있다. 그러니 그것을 자세히 살펴 진실로 그 마음을 잡으라는 의미다.

이 말은 《서경(書經)》〈우서(虞書)〉의 3편 '대우모(大禹謨)'에 나오는 것으로, 최고지도자였던 순임금이 차기 최고지도자인 우임금에게 임금 자리를 물려주면서 해준 말이다. 여기에서 순임금은 우임금에게 최고지도자의 자세로 마음을 중심에 둘 것을 간곡히 당부한다.

사람의 마음, 즉 인심은 올바른 길을 가려고 해도 이기적이기 쉬워 자칫하면 그 길에서 어긋나게 되어 위태롭다. 이것이 '인심유위'다. 올바른 길을 가려는 마음, 즉 도심은 사람의 마음이 약하기 때문에 희미해지기 쉬워 쉽게 그 길을 이루기 어렵다. 이것이 '도심유미'다. 사람의 마음은 약하기에 정신을 모으고 통일해야만 올바른 길을 따를 수 있다는 말이 '유정유일'이고, 진정으로 마음을 바로잡으라는 말이 '윤집궐중'이다.

《서경》 언해본의 풀이를 빌리면, 16자 심법은 다음과 같이 해석할 수 있다.

사람은 모든 일을 마음으로 호응한다. 그런데 겉으로 보이는 형상과 기운에 따라 제멋대로 펼치는 마음은 개인적인 이익에 매몰되기 쉽다. 때문에 인심은 위태롭다. 사람으로서 지켜야할 도리인 의리에 따라 펼친 마음은 쉽게 밝히기 어렵다. 때문에 도심은 숨겨져 있다. 혹은 '작다'라고도 한다. 그러므로 자세하고 면밀하게 검토하여 이것저것 잡되게 섞지 말고 일관되게 하여 변하지 않게 해야 한다. 모든 일에서 도심이 중심이 되어 일을 주재하고, 인심은 도심을 따라가게 해야 한다. 이런 일상이 지속될 때, 위기에 처한 사람은 편안하게 되고, 무언가 적게 가진 사람이 있으면 지나치지도 않고, 모자라지도 않게 중도(中道)를 잡을 수 있다.

이런 점에 비추어보면, 16자 심법에서 순임금이 우임금에게 당부한 마음은 지도자로서 지녀야 할 마음 자세이자 리더십의 기초다. 그러기에 《논어》에서 공자는 '윤집궐중'을 말했고, 순자는 《순자(荀子)》 〈해폐(解蔽)〉에서 '인심지위(人心之危), 도심지미(道心之微)'를 강조했다.

맹자는 이러한 마음의 문제를 더욱 중요시 여겨, 계속해서 배우고, 다져야 할 학문의 한 길로 보았다. 즉 학문을 다른 것에 비유하지 않고, 해이해지거나 놓친 마음, 즉 긴장의 끈을 놓고 있는 마음인 방심(放心)을 구하는 데 두었다. 그것이 다름 아닌 '마음을 다잡는 일'인 구방심(求放心)이다. 《맹자(孟子)》 〈고자(告子)〉 상편에 다음과 같은 구절이 나온다.

학문의 길은 다른 것이 없다. 그 내버린 마음을 찾을 따름이다.

[學問之道, 無他. 求其放心而已矣.]

여기에서 구방심은 달리 말하면, 조심(操心)하는 자세와 태도의 함양이요, 실천이다.

마음을 보존하여 본성을 길러라

유교에서 말하는 마음에는 세상의 모든 이치가 갖추어져 있다고 한다. 때문에 세상의 모든 일은 마음을 통해 받아들여지고 해석된다.

이 지점에서 세상의 모든 일로 대변되는 우주자연의 질서와 인간의 마음이 하나로 연결된다. 그것이 천인합일(天人合一)이다. 맹자는 《맹자》〈진심(盡心)〉 상편에서 다음과 같이 말했다.

> 자신의 마음을 다하는 사람은 자신의 본성을 안다. 그리고 자신의 본성을 아는 사람은 자연의 질서를 안다. 자신의 마음을 보존하여 그 본성을 기르는 일은 자연의 질서를 섬기기 때문이다.
>
> [盡其心者, 知其性也. 知其性, 則知天矣. 存其心, 養其性, 所以事天也.]

여기에서 본성은 마음에 갖추어진 이치다. 이치는 일종의 결을 뜻한다. 물에는 물결이 있고, 바람에는 바람결이 있듯이 세상 모든 존재에는 결이 있다. 마음에 갖추어진 이치는 마음의 결이다. 그 마음의 결은 우리가 이해하려는 마음을 가장 잘 대변한다. 물결을 보면 물이 어떤 상황에 처해 있는지 파악할 수 있고, 바람결을 느껴보면 그 바람이 어떠한 것인지 가늠할 수 있듯이, 사물의 결을 파악하면 그 사물이 어떤 상황인지 알 수 있다.

유교에서 우주자연의 질서는 계절이 순환하듯 자연스러움 자체로 드러난다. 자연(自然)은 말 그대로 스스로 그러한 것, 사물이 지닌 본래 그러한 것, 이른바 본성(本性, Nature)이다. 이를 '진실하다', '거짓이 없다' 등의 뜻을 지닌 '성(誠)'으로 묘사하기도 한다.

《대학》에서는 성(誠)을 "뜻을 참되게 한다는 것은 스스로를 속임 없게 하는 일"이라고 표현했고, 《중용》에서는 "자연의 길"로 해석했다. 이렇듯 천인합일을 갈구하던 인간은 우주자연의 질서와 법칙을 지키면서 그것을 삶의 기준으로 삼았다. 때문에 인간은 우주적 진실을 내면에 새기는 소우주(小宇宙)가 된다.

앞에서 언급한 것처럼, 사람의 본성은 곧 마음의 결이다. 그러므로 우주적 본성은 인간에게 한결같은, 일관된 마음으로 이해된다. 맹자는 그런 마음을 우산(牛山)의 원래 상황에 비유한다. 《맹자》〈고자〉 상편에 다음과 같이 언급되어 있다.

우산의 나무는 일찍이 아름다웠다. 문제는 그것이 큰 나라인 제나라의 성밖에 위치한 것이었다. 도성에 사는 많은 사람들이 도끼와 자귀로 우산의 나무를 베어버렸는데, 어찌 우산을 아름답다고 할 수 있겠는가? 우산의 나무들은 밤낮으로 자라고, 비와 이슬을 맞으며 싹과 움이 돋아났다. 하지만 사람들은 산에 소와 양을 풀어놓고 길렀다. 소와 양이 나무의 순을 모두 먹어치우는 판에 저 우산은 나무가 사라지고 민둥민둥 모양의 산이 되고 말았다. 그런데도 사람들이 그 민둥민둥한 산의 모습을 보고, 이 우산에는 일찍이 재목으로 쓸 만한 나무가 있지 않았다고 생각하니, 이것이 어찌 우산의 본성이겠는가?

사람의 경우도 마찬가지다. 사람들에게 어찌 처음부터 인의의 마음이 보존되어 있지 않았겠는가? 사람이 그의 양심을 놓아버리는 일은 도끼와 자귀로 우산의 나무를 아침마다 베는 것과 같으니, 어찌 양심 없는 사람을 아름답다고 할 수 있겠는가? 사람도 저 우산의 나무와 같이 밤낮으로 자라고 청명한 새벽의 기운에 맑고 깨끗한 기분이 있을 텐데, 사람이 좋아하고 미워하는 수준이 짐승에 가까워져 사람 같은 것은 드물게 되었다. 그 이유는 아침과 낮에 있어야 할 청명한 기운을 얽어매어 없애 버렸기 때문이다.

이렇게 얽어매어 엎치락뒤치락한다면 그 사람의 기운을 채워줄 야기를 보존할 수 없다. 야기를 보존할 수 없다면 사람의 삶이 짐승과 다를 바 없다. 세상 사람들이 짐승 같은 사람을 보고 일찍이 짐승과 같은 행실을 하는 사람에게 본디부터 선을 행할 수 있는 자질이 있지 않다고 생각하니, 이것이 어찌 사람의 정이겠는가? 그러므로 적어도 사물의 본성을 기르게 되면 사물은 자라지 아니함이 없고, 기르지 못하게 되면 사물은 사라지게 된다. 이런 것을 두고 공자가 말했다. 잡으면 보존되고 버리면 없어져서 나가고 들어옴에 때가 없으니, 그 있는 곳을 알지 못하는 것은 오직 사람의 마음을 두고 말하는 것이리라!

우산의 나무는 사람들이 벌목하거나 소나 양을 방목하여 그것을 먹어치우기 전에는 아름다운 재목으로 잘 자라고 있었다. 마찬가지로 인간의 마음이나 본성도 원래 인의(仁義)라는 양심(良心)이 보존되어 있었다. 양심은 사람에게 있는 고유한 것으로, 사람이 이 세상을 자연스럽게 알고, 그것을 활용하거나 응용할 수 있는 능력이다.

이런 점에서 마음의 본체는 세상을 알고 그것을 응용하기 전에는 기본적으로 가만히 있을 뿐이다. 어떤 것도 할 수 없고 움직이지도 않는 것이다. 대신 착한 일을 펼칠 수 있는 가능성으로 존재한다. 착하지 않은 데로 흘러간 것은 마음의 본래 모습은 아니다. 하지만 그것을 마음이 아니라고 할 수는 없다.

여기에서 마음에 두 가지 차원이 있음을 알 수 있다. 하나는 선천적으로 타고난 본래심(本來心)이고, 다른 하나는 후천적으로 형성된 유동심(流動心)이다. 본래심은 우산에 있던 본래의 나무나 인의를 갖춘 인간의 양심에 해당한다. 유동심은 벌목이나 소와 양의 방목으로 훼손당한 벌거숭이산과 헐벗은 나무, 그리고 짐승 수준으로 떨어진 인간의 본성이다.

어떤 측면에서 보면, 맹자는 동양에서 인간 존재의 이중성을 확실하게 언급한 최초의 사상가다. 그것은 양심과 비양심, 선천적 선함과 후천적 악함으로 대비되는, 사이 세계의 고민에서도 확인된다. 다시 말하면, 인간의 모든 행위는 인의예지(仁義禮智)라는 도덕적 본성이나 이목구비(耳目口鼻)라는 감각적 본성이나 세속적 마음, 이 둘 중의 어느 하나가 원인이 되어 일어나는 결과다. 이런 차원에서 인간의 마음은 늘 전제 조건과 후속 조치 사이에서 혼돈을 겪는다.

맹자는 이 도덕적 본성과 자연적 본성 가운데 도덕적 본성의 길을 걷는 사람들은 자연적 본성을 진정한 본성으로 보지 말 것을 당부한다. 다른 본성에 흔들리지 말고 도덕적 본성에만 의거해 삶을 이행하라는 말이다. 이것이 진정으로 가능한가? 도덕적 본성에만 의거해 도덕적인 삶을 지속하는 것, 현실적으로 불가능해 보이는 이 머나먼 길을, 맹자를 비롯한 유교의 선인들은 삶에서 가장 중시해야 할 무게중심으로 강조해왔다. 즉, 궁극적으로 '차마 어쩌지 못하는 마음'인 불인인지심(不忍人之心)을 인간이라면 꼭 갖춰야할 요건으로 보았다.

《맹자》〈공손추(公孫丑)〉 상편에 이런 말이 있다.

사람은 누구나 차마 어쩌지 못하는 마음이 있다. 옛날 훌륭한 임금은 사람에게 차마 어쩌지 못하는 마음이 있었고, 그로 인해 사람에게 차마 어쩌지 못하는 정치를 행했다. 사람에게 차마 어쩌지 못하는 마음으로 사람에게 차마 어쩌지 못하는 정치를 행하면 세상을 다스리는 일은 손바닥 위에 물건을 굴리는 것처럼 쉽다. 사람에게 누구나 차마 어쩌지 못하는 마음이 있다고 하는 이유는 다른 데 있는 것이 아니다.

지금 갑자기 한 어린 아이가 우물에 빠지려는 모습을 발견했다고 하자. 사람이라면 누구나 놀랍고 두려워하며 근심하고 슬퍼하는 마음이 들어 자기도 모르게 달려가 아이를 구할 것이다. 이는 어린 아이의 부모와 사귀기 위해 그런 것도 아니고, 마을 사람이나 친구들에게 아이를 구했다는 칭찬을 듣기 위해서도 아니며, 아이를 구하지 않고 그대로 내버려 두었다는 원망의 소리가 듣기 싫어서 그런 것도 아니다. 이런 차원에서 본다면, 가슴 쓰라리게 아파하는 마음이 없으면 사람이 아니고, 자신이 착하지 않음을 부끄러워하고 남이 착하지 않음을 미워하는 마음이 없으면 사람이 아니며, 남에게 사양하는 마음이 없으면 사람이 아니고, 옳음을 옳게 여기고 그름을 그르게 여기는 마음이 없으면 사람이 아니다.

[孟子曰, 人皆有不忍人之心. 先王有不忍人之心, 斯有不忍人之政矣. 以不忍人之心,
行不忍人之政, 治天下, 可運於掌上. 所以謂人皆有不忍人之心者, 今人乍見孺子將
入於井, 皆有怵惕惻隱之心, 非所以內交於孺子之父母也, 非所以要譽於鄉黨朋友也,
非惡其聲而然也. 由是觀之, 無惻隱之心, 非人也. 無羞惡之心, 非人也. 無辭讓之心,
非人也. 無是非之心, 非人也.]

'차마 어쩌지 못하는 마음'은 남의 고통과 불행을 보고 그냥 넘기지
못하는, 포용력 있는 열린 마음이다. 맹자는 그것을 모든 사람들이 본
래부터 갖추고 있는 것이라고 강조했다. 우물에 막 빠지려는 아이를
목격했을 때 어떤 욕망이나 사심도 없이 아이를 구하려는 순수한 감
정이 바로 차마 어쩌지 못하는 마음이다. 이런 점에서, 사람이라면 누
구나 보편적으로 측은(惻隱), 수오(羞惡), 사양(辭讓), 시비(是非)로 대표
되는 착한 마음을 지니고 있다.

내 안의 덕성, 구할 것인가 버려둘 것인가

문제는 증명에 있다. 선한 마음, 즉 인간의 도덕적 가치지향성이 내
재되어 있다는 사실을 어떻게 알 수 있는가? 논리적으로 또는 경험적
으로 확인할 수 있는가? 힘들다. 아주 힘든 문제다. 심정은 이해할 수

있으나 실제로 인식할 수 없다. 이는 가치와 사실 사이의 간극이다. 가치와 사실은 사물을 바라보는 시선에도 차이가 있다.

선한 마음은 사실이 아니라 가치의 문제에서 생각해봐야 한다. 가치는 객관적 사물이나 행위의 영역에서 '그것은 무엇인가?'를 다루기보다, 도덕적 영역의 사실을 다룬다. 불인인지심이나 본심, 성선은 객관적 사실의 세계가 아니다. 이는 당위의 세계다. 당위의 세계는 주체적 결단을 통해 실천으로 옮길 때, 다시 객관적 사실로 드러난다. 그러기에 맹자는 《맹자》〈고자〉, 상편에서 다음과 같이 마음의 문제를 고려한다.

모든 사람은 지니고 있다! 남의 불행을 가엾고 애처롭게 여기는 마음을.

모든 사람은 지니고 있다! 자신의 옳지 못함을 부끄러워하고 남의 옳지 못함을 미워하는 마음을.

모든 사람은 지니고 있다! 공손하고 자신을 깨닫는 마음을.

모든 사람은 지니고 있다! 옳고 그름을 판단할 줄 아는 마음을.

남의 불행을 가엾고 애처롭게 여기는 의미의 측은지심은 '인'이고, 자기의 옳지 못함을 부끄러워하고 남의 옳지 못함을 미워하는 의미의 수오지심은 '의'며, 공손하고 자신을 깨닫는 의미의 공경지심은 '예'이고, 옳고 그름을 판단할 줄 안다는 의미의 시비지심은 '지'다.

인의예지는 외부로부터 나를 구속하여 장식한 덕이 아니다. 내가 본디부터 지니고 있던 것이다. 사람들은 이것이 본디부터 있음을 생각하지 못하고, 알지 못했다. 때문에 스스로 구하면 얻고 내버려두면 잃는다. 그 결과로 얻은 사람과 잃은 사람의 차이는 두 배 혹은 다섯 배까지 벌어지고, 결국에는 셀 수 없을 만큼의 차이가 나게 된다. 이는 본성으로 주어진 자신의 자질을 모두 발휘하지 못한 결과다.

[惻隱之心, 人皆有之. 羞惡之心, 人皆有之. 恭敬之心, 人皆有之. 是非之心, 人皆有之. 惻隱之心, 仁也. 羞惡之心, 義也. 恭敬之心, 禮也. 是非之心, 智也. 仁義禮智, 非由外鑠我也. 我固有之也, 弗思耳矣. 故曰求則得之, 舍則失之. 或相倍蓰而無算者, 不能盡其才者也.]

그런데 눈여겨볼 대목이 있다. 먼저, 본심(本心)과 사단(四端), 본성(本性)이라는 전제 조건이다. 동시에 그것을 잃은 후천적 결과 사이에 개입되는 것, 이른바 사고와 요구다. 본심의 존재를 생각하거나 알고 있는지의 여부에 따라 마음을 보존하느냐 상실하느냐의 사활이 걸린다. 구하느냐, 내버려두느냐에 따라 사람이 지닌 마음의 자질을 발휘하는 상황이 달라진다. 이런 점에서 마음은 내면에 간직된 고유성과 상황에 따른 유동성 사이에서 서성이게 된다. 하지만 맹자 이후 전통 유교는 본심의 고유성을 적극적으로 보존하고 그것을 확충할 것을 강조한다. 이는 특히, 측은지심과 수오지심, 사양지심, 시비지심의 네 가지 마음 가운데, 사양지심이 공경지심(恭敬之心)으로 전환된 상황을 통해 확인된다.

측은지심, 수오지심, 사양지심, 시비지심의 사단의 경우, 단(端)이라는 실마리를 부각시켰다. 하지만 사람들이 그것을 채우고 넓혀가는 과정에서는 실마리를 강조해서 말하지 않는다. 바로 그 마음이 드러나 사람의 몸으로 행해지는 것이 중요하다.

사양지심은 예의 실마리였다. 하지만 사양하는 마음이 밖으로 펼쳐지게 되는 것이 공경(恭敬)이고, 공경은 안과 밖을 겸해서 실천되며 마음 깊은 곳에서 인정되는 세계다. 이런 자세는 자기 존중감을 향한 열망으로 표출된다. 맹자는 《맹자》〈고자〉 상편에서 그것을 다시 강조한다.

귀하게 되고 싶은 것은 모든 사람에게 공통된 마음이다. 그런데 사람마다 자신에게 가장 귀한 내심(內心)의 덕성이 있는 것을 생각하지 못할 뿐이다.

[欲貴者, 人之同心也. 人人, 有貴於己者, 弗思耳.]

마음의 존재 양식, 그것이 어떠한지를 인식하는 문제는 자신을 파악하는 과정에서 절정을 이룬다. 세상 사람들은 보통 스스로에게 부여된 자연적 본성이나 마음을 외면한다. 대신 남에게 뽐내거나 거들먹거리며 자랑할 만한, 외부로부터 부여되는 공(公)·경(卿)·대부(大夫)와 같은 높은 벼슬자리를 귀한 것으로 생각한다. 그러다 보니 자신에게 자연적으로, 근원적으로 존재하는 귀한 것이 무엇인지 제대로 파악하지 못한다. 인위적으로 얻은 벼슬로 외부의 사물에 이끌리는 경우 권세나 재력만 충만한, 욕망으로만 가득 찬 비양심 인간으로 전락하기 쉽다.

　유교는 이를 경계한다. 내면에 충만한 자기 기쁨을 몸으로 인지하지 못하고, 허명의 즐거움에 빠지는 인생, 그것은 마음 없는, 영혼 없는, 한심한 인생일 뿐이다.

마음이 본분을 다하면 유혹에 흔들리지 않는다

　정리하자면, 마음은 자신의 내부에서 추구하는 것이다. 외부에서 가져오는 그 무엇이 결코 아니다. 그것은 삶의 전체적 조망을 자신으로부터 시작하고, 자신에게서 우선적으로 구하라는 메시지다. 그 현실적 모습은《맹자》〈고자〉 상편의 다음과 같은 사례를 통해 확인된다.

　풍년에는 젊은이들이 먹고 입는 것에 부족함이 없다. 때문에 대체로 만족하며 착하게 산다. 반면에 흉년에는 젊은이들이 포악하게 된다. 그만큼 먹을 것이 없기에 각박해지는 것이다.

　하늘이 내려준 자질은 풍년과 흉년에 따라 이와 다르지 않다. 그것은 그들의 마음이 흉년에 겪는 물자의 부족을 채우려는 욕망에 빠지기 때문에 그러하다. 그러기에 모든 사람은 입으로 맛을 가릴 때 기호가 유사하고, 귀로 소리를 들을 때 듣는 소리가 같으며, 눈으로 색을 볼 때 아름다운 것을 보려고 한다.

이런 차원에서 본다면, 마음에 이르러서만은 똑같은 것이 없겠는가? 마음에서 똑같은 것은 무엇이겠는가? 그것은 다름 아닌 천리이고 의리이다. 성인은 우리들 마음에 일관되게 존재하던 천리와 의리를 깨달은 사람이다. 때문에 우리가 마음으로 천리와 의리를 좋아하는 것은 입으로 고기요리를 좋아하는 것과 같다.

마음은 인간의 행위를 어떻게 할 것인지에 대한 기준 역할을 한다. 그러기에 모든 사람에게 사람이 가야할 길인 '의리'라는 형식으로 동일하게 부여된다. 의리로서의 마음은 늘 일정하게 자신의 자리를 지키고 있을 뿐이다. 그것은 풍년이건, 흉년이건, 외부 요건에 얽매이지 않는다.

풍년이 들면 젊은이들이 착한 행동을 하게 되고, 흉년이 들면 포악해지는 것은 환경의 지배를 받기 때문이다. 결코 본성이나 마음이 달라진 것이 아니다. 사람의 마음에는 의리가 이미 존재하고 있으며, 그것을 즐길 수 있다. 이는 맛있는 고기가 입을 즐겁게 하는 것과 같다. 이목구비는 모든 사람에게 동일하며 이는 바로 인간의 마음 혹은 인간성은 누구나 동일하다는 것이다.

본래부터 착하게 갖추어져 있는 본성, 그 근원인 마음을 따르면 인간은 누구나 바른 사람이 될 수 있다. 이는 마음의 능력과 직결된다. 그것은 앞에서 잠깐 말했듯이 '사고하는 작업'이다.《맹자》〈고자〉 상편의 이야기를 살펴보자.

공도자: 다 같은 것이 사람인데, 어떤 사람은 대인(大人)이 되고, 어떤 사람은 소인(小人)이 됩니다. 왜 그렇습니까?

맹자: 대체(大體)인 사람의 마음을 따르면 대인이 되고, 소체(小體)인 입에 맞는 음식이나 눈이나 귀에 듣기 좋은 것을 따르면 소인이 된다네.

공도자: 다 같은 것이 사람인데, 어떤 이는 대체를 따르고 어떤 이는 소체를 따릅니다. 왜 그렇습니까?

맹자: 귀나 눈 같은 감각기관은 사고하지 않고도 외부의 사물에 가려진다네. 외부의 사물이 눈과 귀와 같은 감각기관과 섞인다면 이를 끌어당길 뿐이지. 하지만 마음이라는 기관은 사고를 한다네. 사고를 하면 사물의 도리를 깨닫게 되고, 사고를 하지 않으면 사물의 도리를 깨닫지 못한다네. 이것이 자연이 우리에게 준 것이지. 먼저 큰 것을 세운다면 작은 것은 빼앗을 필요가 없다네. 이런 사람이 바로 대인이라네[耳目之官, 不思而蔽於物. 物交物, 則引之而已矣. 心之官, 則思. 思則得之, 不思則不得也. 此, 天之所與我者. 先立乎其大者, 則其小者, 不能奪也. 此爲大人而已矣].

맹자는 마음을 대체로 삼고 눈과 귀와 같은 감각적인 부분을 소체로 보았다. 이는 본심이나 양심을 음식과 같은 사사로운 이익과 대비하여 대체와 소체로 분별한 것이다. 본심과 양심은 선을 향한 가능성이다. 반면 식욕과 개인적 이익 추구는 그 정도를 벗어나면 악으로 나아갈 가능성이다.

눈과 귀의 경우, 외부 세계와 접촉하면 유혹되기 쉽다. 그런데 마음은 생각할 수 있는 기능을 지니고 있다. 즉, 마음은 사유하는 기관이고 사유는 마음이 활동한 결과다. 이는 마음의 기능과 역할이 다름 아닌 '사고'에 있다는 말이다. 때문에 마음을 간직한 사람은 누구나 생각할 수 있고, 생각하는 것을 자신의 본분으로 삼는다. 마음이 자신의 본분을 깨달으면 그 이치를 알아 유혹 앞에서 흔들리지 않는다. 때문에 사물은 본심을 가리지 못한다. 문제는 그 본분을 잃었을 경우다. 이때 마음은 이치를 깨닫지 못하고 외물에 가리게 된다.

눈과 귀, 마음, 이 세 가지는 모두 자연이 우리에게 준 선물이다. 이 중에서 가장 인간됨을 가능하게 하는 것이 바로 마음이다. 마음을 세우기만 한다면 생각할 수 있는 마음의 능력으로 인해 모든 일은 생각을 거치게 된다. 사유 능력으로서 마음의 기능은 눈과 귀와 같은 감각 기관의 욕망을 극복하게 하는 것이다. 그것이 가능한 인간이 바로 대인이다. 반대로 눈과 귀의 욕망에 마음이 빼앗기게 되면 소인으로 전락한다. 그러므로 대인은 늘 어린아이와 같은 마음, 이른바 적자심(赤子心)을 지닌다. 또한 어린아이와 같이 순진무구하며, 천진난만한 마음을 잃지 않는 사람이다.

이런 마음은 《맹자집주(孟子集誅)》〈고자(告子)〉 상편에 기록된 범준(范浚)의 〈심잠(心箴)〉에 다음과 같이 기록되어 있다.

아득하고 아득한 우주여, 굽어보고 우러러봄에 끝이 없네.
사람들은 그 사이에 작은 듯 몸이 있고,

이 몸의 작음은 큰 창고 안 하나의 씨알이로다.

천지인의 삼재에 함께 참여해 오직 마음이 되었다네.

예나 지금이나 마음 없는 사람이 있으랴마는,

마음이 형체의 부림을 받아 부려져 길짐승 날짐승처럼 되었네.

입과 귀와 눈과 수족의 움직임이,

가만히 있을 적에 머무른 틈을 밀치고 들어와 마음이 병들었네.

미약한 한 마음을 여러 욕심들이 공격하니,

그것을 보존하는 자 아주 드물도다.

군자는 참을 보존하여 생각하고 깨달을 수 있으니,

하늘이 내린 본심이 크고, 모든 것이 그 마음을 따르네.

[茫茫堪輿 俯仰無垠.

人於其間 眇然有身,

是身之微 太倉稊米.

參爲三才 曰惟心爾.

往古來今 孰無此心,

心爲形役 乃獸乃禽.

惟口耳目 手足動靜,

投間抵隙 爲厥心病.

一心之微 衆欲攻之,

其與存者 嗚呼幾希.

君子存誠 克念克敬,

天君泰然 百體從令.]

    물욕에 이끌리지 않는 마음의 본질은 '참'과 '생각'과 '깨달음'으로 표현된다. 일관되게 참을 말할 때, 모든 거짓은 사라진다. 일관되게 깨달음에 이를 때, 천만 가지의 나쁜 것을 대적할 수 있다. 그러기에 마음을 세우는 것이야말로 인간의 삶에서 가장 중요한 일이라 할 수 있다.

제2장

맹자,
마음을 함부로
움직이지 마라

공부는 해이해진 마음을 다잡는 것에서 시작한다

모든 사람은 사유와 실천을 통해 삶의 집을 짓는다. 마음공부는 그 중앙에 자리한다. 마음의 문제에 누구보다 신중했던 맹자는 일생동안 올바름을 지향했다. 하지만 그것은 오히려 비현실적으로 비쳐지기도 했다.

맹자는 추나라 사람으로 공자의 손자인 자사(子思)의 문인에게서 배웠다. 학문의 길이 무엇인지 어느 정도 깨우친 다음, 제나라 선왕을 섬기려 했으나 등용해주지 않자 양나라로 갔다. 양나라에 갔지만, 양나라 실권자인 혜왕은 맹자의 정치적 설득을 거의 믿지 않았다. 왜냐하면 맹자의 조언이 현실과 너무 동떨어져, 당시의 실제 상황과 맞지 않다고 생각했기 때문이다.

당시는 영웅호걸들이 서로 힘겨루기를 하며 패권을 다투던 이른바 전국시대였다. 진나라는 상앙(商鞅)을 등용해 부국강병에 힘쓰고, 초나라와 위나라는 오기(傲氣)를 등용해 전쟁에서 승리하며 한창 적군들의 기세를 꺾고 있었다. 또 제나라의 선왕(宣王)은 손빈(孫臏)과 전기(田忌)를 기용해 주변 나라 지도자들에게 제나라에 조공을 바치게 했다.

이렇듯 바야흐로 합종연횡(合從連橫)이 빈번했던 시기였다. 다른 나라를 공격해 땅을 차지하는 공격과 정벌이 오히려 현명한 일이자 정당하게 여겨지던 시절이었다.

그럼에도 불구하고 맹자는 오로지 최고지도자로서 덕망을 지닐 것을 강변했다. 흔히 말하는 유교의 덕치(德治)나 왕도 정치를 주창했다. 당시 대부분의 정치지도자들은 맹자의 조언이 시세의 요구와 멀다고 느꼈고, 맹자의 유세는 어디에서도 먹혀들지 않았다.

사마천은《사기(史記)》〈맹자순경열전(孟子荀卿列傳)〉에서 맹자에 대해 다음과 같이 기록했다.

맹자의 말은 현실성이 떨어진다! 뭔 희한한 소리를 하는지. 지금이 어떤 시대인데, 이 난세에 도덕 정치라니!

맹자는 어쩔 수 없이 정치지도자에게 유세하는 일에서 물러났다. 당시 현실 정치에서 실패를 거듭 맛보았던 맹자는 자기수양과 교육,

저술의 길을 선택했다. 수제자인 만장(萬章)을 비롯해 여러 제자들과 《시경(詩經)》,《서경(書經)》등을 강의해 서술하고, 공자가 지향하던 사상을 다양한 차원에서 확대해《맹자》7편을 저술했다. 그《맹자》속에 바로 마음공부의 핵심이 담겨 있다.

사마천은《맹자》에 대해 이렇게 말했다.

나는 일찍이《맹자》를 읽다가, 양나라 혜왕이 맹자에게 '어떻게 하면 나라를 이롭게 할 수 있겠습니까?'라고 질문하는 대목에서 책을 덮었다. 그리고 깊이 탄식했다. 왜냐하면 개인의 이익을 챙기는 것, 바로 사리사욕(私利私慾)의 문제 때문이었다.

'아! 개인의 이익만을 챙기려는 저런 심보야말로, 정말이지 이 세상을 혼란하게 만드는 시발점이구나!'

이런 점에서 공자는 개인의 욕심을 통해 얻으려는 이익에 대해 거의 말하지 않았다. 어쩔 수 없이 이익에 대해 말해야 하는 경우에는 반드시 운명이나 덕망과 결부시켜 말했다. 이는 다름 아닌 세상이 혼란해지는 근본 원인을 막기 위해서였다. 그것은《논어》〈리인(里仁)〉에서 "지나치게 이익을 추구하면 원망이 많아진다[放於利而行, 多怨]!"라는 말로도 표현이 되었다. 위로는 최고지도자에서 아래로는 일반 사람들에게 이르기까지, 사리사욕에 가득 찬 개인이 모두 자신의 이익을 추구한다면 그 폐해가 어떻겠는가!

이처럼 맹자는 인간의 본성이나 마음이 착하다는 전제하에 선(善) 의지를 키워갔다. 맹자의 사유 근저에는 선과 악이 공존하면 안 된다는 발상이 엿보인다. 이처럼 의도적으로 선을 지향하려는 맹자의 생각은 '인간은 늘 세계와 접촉하고 있다'라는 사실에서 생긴 것이다.

세계와 접촉한다는 것은 상호간의 의사소통이며, 이해의 과정이다. 그런데 외부 세계에 항상 노출되어 있는 인간은 행위를 할 때 항상 기준이 필요하다. 그 기준은 마음을 어떻게 이해하느냐에 따라 달라진다. 왜냐하면 마음의 움직임과 인간의 욕심은 상호작용하며 변주하기 때문이다.

욕심은 새로운 사물을 대할 때마다 차원을 달리한다. 보다 현실적인 이익 앞에서는 더 간절해진다. 여기에서 현실적 이익에 기초한 인간의 욕망을 어떻게 조절할 것인가? 이것이 문제다. 그래서 유교는 개인의 욕심을 알맞게 조절하거나 없애 나가려고 한다. 동시에 공공의 복리를 염원하며 지속적으로 보존하려고 한다. 그것이 유명한 '존천리 알인욕(存天理 遏人欲)', 혹은 '존천리 거인욕(存天理 去人欲)'이다. 우주자연의 결을 존중하고 인간의 욕망을 버리자! 유학자들은 이 한마디를 실천하기 위해 몸부림쳤다.

그렇다면 인간의 욕심, 욕망은 어디에서 나오는 것일까? 생리적 욕구는 동물이라면 모두 지닌 공통적인 것이다. 그러나 이성적 욕구는 인간의 독특한 정신 영역이다. 이 정신 영역의 통합체를 마음이라고 볼 때, 인간의 욕심은 바로 마음에서 나오는 것이다.

욕심은 바로 마음의 표출이다. 마음은 인간 스스로 품고 있지만, 표출된 결과는 원래의 의도와 같지 않은 경우가 많았다. 유교는 이 벌어진 간격을 줄이고자 '자신조차 헤아리기 힘든 마음을 어떻게 다스릴 수 있는가?', '어떤 깨달음, 어떤 공부의 과정을 거쳐야 하는가?' 등 끊임없이 그 방법을 고민했다.

앞에서 간략하게 언급했지만, 공부 방법에 대해 맹자는 《맹자》〈고자〉 상편에서 다음과 같이 비유했다.

사람을 사랑하는 열린 마음인 인은 사람이 본래부터 지니고 있는 마음의 발로 그 자체이고, 사람의 도리인 의는 사람의 본래 마음을 따라가는 길이다. 그 길을 버리고 따라가지 않고, 그 마음을 내버리고 찾을 줄을 모르니, 참 슬프다! 사람이 자기 집에서 기르던 닭과 개가 도망가면 찾을 줄 알면서, 자기 마음을 내버려두고도 찾을 줄 모른다. 공부하는 방법은 다른 것이 아니다. 풀어진 마음, 해이해진 마음을 굳게 다잡는 것일 뿐!

[仁, 人心也. 義, 人路也. 舍其路而不由, 放其心而不知求, 哀哉. 人有鷄犬放則知求之, 有放心而不知求. 學問之道, 無他. 求其放心而已矣.]

여기에서 공부는 처절할 정도로 마음공부에 집중되어 있다. 본래 지니고 있는 마음도 제대로 지키지 못하고 제대로 따라가지 못하다니. 집에서 기르는 닭이나 개보다 마음이 뒷전이라니. 맹자는 이처럼 마음공부를 하지 않는 사람들을 한심하게 여겼다.

맹자가 말하는 공부는 어찌 보면 간단하다. 타고 태어난 선한 마음을 지키고 보존하기만 하면 된다. 시중에 유행하는 말처럼, 공부가 가장 쉬운 일인지도 모른다. 그런데 그것이 그리 간단하지 않다. 선한 마음을 잘 보존하고 있다면, 문제는 그것을 지속하는 것이다. 그런데 선한 마음이 와해되어 해체될 위기에 놓였다면 그것을 추스르는 일이 무엇보다 우선되어야 한다. 이는 마음이 궁극적으로 인간 행위를 결정한다는 인식에서 출발한다.

맹자에게 마음공부는 삶 속에서 자기를 잘 추스르도록 마음을 조절하는 것이다. 그를 위해서는 선한 마음의 단서를 놓치지 않고 잘 보존하는 것이 기본이다. 작은 불씨를 잘 보존해 지속시켜야 불이 피어날 수 있기 때문이다. 또한 이를 지속해 인간 행위를 전체적으로 이끌어가는 것이 바로 맹자가 말하는 마음공부다.

부동심은 곧 올바름의 용기를 기르는 것이다

맹자는 마음공부의 구체적인 방법으로 가장 먼저 부동심(不動心)을 강력한 무기로 내세운다. 그것은 즉 '마음을 움직이지 않는 일'이다. 《맹자》〈공손추〉 상편에 그 양식이 다음과 같이 자세하게 기록되어 있다.

공손추: 선생님이 제나라의 최고위급 관료가 되어 선생님이 원하는 정치를 행할 수 있게 되었다고 가정해보시지요. 제나라 지도자는 선생님의 이념을 바탕으로 정치를 하겠지만, 패도를 행할 수도 있고 왕도를 행할 수도 있을 것입니다. 지도자가 그렇게 하는데 특별히 이상하게 생각할 것은 없겠습니다만 선생님의 책임이 상당히 무거울 것 같습니다. 혹시 마음에 동요가 일지는 않겠습니까?

맹자: 아닐세. 나는 40대에 들어서면서, 어떤 경우에도 마음의 동요가 일지 않았네.

공손추: 40대에 마음의 동요가 없었다고요? 마음의 동요가 없으려면 엄청난 용기가 필요한 건데. 아, 그렇다면 선생님은 옛날 위나라 때 살아 있는 소의 뿔도 뽑았다는 맹분보다도 용기가 뛰어나십니다.

맹자: 그것은 어려운 일이 아니네. 나와 가끔씩 논쟁을 벌이며 사람의 본성에 선악이 없다고 주장하는 고자도 나보다 먼저 마음의 동요를 일으키지 않았다네.

공손추: 마음의 동요를 일으키지 않는, 마음을 움직이지 않는 일, 그러니까 '부동심'을 하는 방법이 따로 있습니까?

맹자: 있지, 있고말고. 내가 몇몇 사례를 들어보지. 제나라에 북궁유라는 사람이 있었네. 그가 용기를 기르는 방법은 다음과 같다네. 살갗이 칼에 찔려도 몸을 꿈쩍도 하지 않고 눈이 찔려도 눈동자를 피하지 않는다네. 털끝만큼이라도 남에게 꺾였다고 생각하면 모든 사람에게 공개된 장소에서 매를 맞는 것처럼 여겼다네. 낡고 헐렁헐렁한 옷을 걸친 노숙자 같

은 사람에게도 모욕당하지 않고, 전차 1만 대를 소유한 큰 나라의 지도자에게도 모욕당하지 않았다네. 전차 1만 대를 소유한 큰 나라의 지도자를 찔러 죽이는 것을 낡은 옷을 걸친 노숙자 같은 사람을 찔러 죽이는 것과 똑같이 생각했네. 이처럼 한 나라의 지도자일지라도 무서워하는 법이 없어 그 누구건 자기를 험담하는 소리가 들리면 반드시 보복을 했지.

또 용감한 전사로 전해오는 맹시사라는 사람이 있었는데, 그가 용기를 기르는 방법은 이러했다네. 이기지 못하는 전투를 보면서도 이기는 전투처럼 여긴다네. 적군이 얼마나 강한지 약하지를 헤아려 본 뒤에 나아가며, 승리를 할 것인지 아닌지를 헤아려 이길 것이라고 생각한 후에 나아가 맞서 전투를 벌이지. 그러니까 그는 1만 2,500여 명이나 되는 대군을 거느린 군대도 두려워하는 사람이지. 그러면서도 이렇게 얘기를 하지. "내가 어찌 그런 대군을 반드시 이길 수가 있겠는가? 두려움이 없을 뿐이다."

공자의 제자에 비유하면, 맹시사는 증자와 유사하고 북궁유는 자하와 유사하다네. 옛날에 증자가 제자인 자양에게 이렇게 말했다네.

"그대는 용맹스러운 것을 좋아하는가? 내 일찍이 공자에게 진정으로 큰 용기에 대해 들은 적이 있다네. 스스로 돌이켜 보아 옳지 못하면, 낡고 헐렁헐렁한 옷을 걸친 노숙자 같은 하찮은 사람 앞에서도 내 두려워 견딜 수 없지 않겠는가! 그러나 스스로 돌이켜 보아 옳다면, 천 명 만 명 앞일지라도 나는 두려워하지 않고 대적할 수 있으리라[子好勇乎. 吾嘗聞大勇於夫子矣. 自反而不縮, 雖褐寬博, 吾不惴焉. 自反而縮, 雖千萬人, 吾往矣]."

맹시사가 지키려는 것은 기력이라네. 이는 증자가 올바른 자세를 지키려는 요령과는 같지 않다네.

공손추: 감히 묻겠습니다. 선생님이 마음의 동요가 없는 것과 고자가 마음의 동요가 없는 것, 이른바, 두 분의 부동심의 차이에 대해 말해 줄 수 있겠습니까?

맹자: 고자는 이렇게 말했네. "다른 사람의 말이 이해되지 않은 부분이 있어도 자기의 마음에서 억지로 생각하여 알려고 하지 말고, 마음에서 생각해도 알지 못하거든 기운에 호소하여 도움을 구하지 말라."

내가 볼 때, "마음에서 생각해서 알지 못하거든 기운에 호소하여 도움을 구하지 말라"라는 부분은 괜찮다고 생각하네. 하지만 "다른 사람의 말이 이해되지 않은 부분이 있어도 자기의 마음에서 억지로 생각하여 알려고 하지 말라"라는 부분은 옳지 않다고 생각하네. 왜냐하면 사람의 마음이 움직이는 방향인 의지는 기운을 이끄는 작용을 하고, 기운은 우리 몸에 꽉 차 있는 것이거든. 그러니 의지가 일정한 방향으로 나아가 이르면 기운이 그것을 따라가기 때문이지. 그러므로 "그 의지를 바로잡고 자기의 기운을 지나치게 자극하여 발동시키지 말라"라고 한 것이야.

공손추: "의지가 일정한 방향으로 나아가 이르면 기운이 그것을 따라간다"라고 하고, "그 의지를 바로잡고 자기의 기운을 지나치게 자극하여 발동시키지 말라"라고 했는데, 무슨 말이지요?

맹자: 의지가 한결같으면 기운을 움직이고, 기운이 한결같으면 의지를 움직일 수 있다네. 지금, 자빠지기도 하고 달리기도 하는, 저런 행동은 기

운에 해당하는 것이라네. 하지만 그것 때문에 사람의 마음이 동요하게 된다네[志壹則動氣, 氣壹則動志也. 今夫, 蹶者趨者, 是氣也, 而反動其心].

부동심! 마음을 움직이지 않는다는 이 말은 심박동 정지와 같은 마음활동의 정지를 의미하는 것이 아니다. 부동심은 곧 올바름을 향해 용기를 기르는 과정이다. 그렇다면 용기는 어떻게 길러야 하는가?

의리와 도리로 올바름을 쌓아라

맹자 사유의 핵심은 '마음'을 '올바름'에 몰입하는 것이다. 그것은 흔히 '의(義)'로 표출된다. 그 결을 따라가다보면 의리는 자연스럽게 드러난다. 의리 있는 사람, 그 존재에서 느낄 수 있는 기운이야말로 마음공부의 상징으로 자리 잡는다. 그 상징이 바로 호연지기(浩然之氣)다.

중고등학교 시절, 산 정상에 올라 "야호! 야호!"를 부르짖으며 호연지기를 기르라는 선생님의 말씀이 생각난다. 허나 호연지기는 절대 그런 극기 훈련이나 육체 단련 차원에서 길러지는 것이 아니다. 다시 《맹자》〈공손추〉 상편을 살펴보자.

공손추: 감히 묻겠습니다. 선생님은 어떤 부분에서 다른 사람에 비해 뛰어

납니까?

맹자: 나는 다른 사람이 하는 말을 제대로 알아듣는다네. 그리고 나는 나의 호연지기를 잘 기른다네.

공손추: 감히 묻겠습니다. 무엇을 호연지기라고 합니까?

맹자: 호연지기, 그것은 한 마디로 말하기 어렵다네. 다만 그 기운은 어마어마하게 크고 어마어마하게 강하다네. 올곧은 자세로 제대로 기르고 방해되는 것이 없으면, 이 호연지기는 우주자연에 꽉 차게 된다네. 우주자연이 충만해질 수 있는 공명정대한 기운이라고나 할까. 그 기운은 의리와 도리가 짝이 되어 합쳐진 것이라네. 따라서 사람이 이것이 없으면, 마음에 공허감이 밀려오게 된다네. 허전해지면서 멍해지는 거지. 이러한 호연지기는 정의롭게 살면서 의리가 쌓이고 쌓여서 생겨나는 것이라네. 어느 날 갑자기 정의로운 행동을 조금했다고 해서 가질 수 있는 것이 아니라네. 행동하는 것이 마음에 충분히 녹아들지 않고 시원하지 않은 점이 있다면 허탈감이 밀려오게 마련일세[難言也. 其爲氣也, 至大至剛, 以直養而無害, 則塞於天地之間. 其爲氣也, 配義與道. 無是, 餒也. 是集義所生者. 非義襲而取之也. 行有不慊於心則餒矣].

그래서 내가 "고자는 일찍이 의리를 알지 못한다"라고 말한 것일세. 고자는 의리를 마음에 있다고 생각하지 않고 몸 밖에 있다고 생각하기 때문이지. 사람은 반드시 호연지기를 기르는 데 힘써야 하네. 특히 정의로운 일을 하면서 효과를 작정하지 말아야 하네. 마음에 간직해 절대 잊지 말고, 억지로 조장하지도 말아야 하네.

옛날 송나라에 이런 사람이 있었다네. 자기가 심은 곡식의 싹이 빨리 자라나지 않음을 안타깝게 여겨, 그것을 뽑아놓은 사람이 있었지. 그는 곡식의 싹을 뽑아 올려놓느라 지쳐 축 처진 어깨를 하고 집으로 돌아왔지. 그리고는 집안사람들에게 말했지. "오늘 나는 너무나 피곤하다. 내가 곡식의 싹이 잘 자라도록 도와주었다." 그러자 아들이 깜짝 놀라 밭으로 달려가 보니 곡식의 싹이 이미 모조리 말라 죽어버렸다네.

이처럼 이 세상에는 곡식의 싹이 자라도록 억지로 조장하는 사람이 너무나 많다네. 유익함이 없다고 하여 그냥 버려두는 사람은 곡식에 김을 매지 않는 사람이고, 무리하게 잘 되게 하려고 억지로 조장하는 사람은 곡식의 싹을 뽑아놓는 사람과 같다네. 이는 유익함이 없을 뿐만 아니라, 도리어 해치는 짓이지[天下之不助苗長者, 寡矣. 以爲無益而舍之者, 不耘苗者也. 助之長者, 揠苗者也. 非徒無益而又害之].

주자의 표현을 빌리면, 호연지기에서 '호연'은 '어떤 사물의 상황이나 행위가 매우 성하여 유행하는 모양'이다. 그리고 '기'는 '몸에 꽉 차 있는 그 무엇'이다. 그렇다면 호연지기는 '매우 성하고 유행하는 그 무엇이 몸에 꽉 차 있는 것'이다. 그 기가 아주 크고 매우 강하다는 말은 곧 기의 존재 상황을 표현한다. 문제는 곧음을 기준으로 그 기를 잘 기르고 해치지 말아야 한다. 자연스럽게 길러가야 하는 것이다.

그를 위해서는 바로 올바름을 일상에서 지속시켜야만 한다. 올바름인 의리와 도리를 마음에서 놓치지 않으면 그것이 차곡차곡 쌓여 호연지기가 꽉 들어차는 것이다. 이처럼 인간은 매일매일 스스로 반성을 통해 곧고 착한 마음을 잘 길러야만 한다. 그것이 가능할 때 마음은 이지러지지 않고 올바름은 세상에 드러나는 것이다.

결국 마음공부는 호연지기를 기르는 것이다. 이를 위한 기본적인 조건은 바로 '올바름을 모으는 일'이다. 이때 마음은 선을 지향한다. 따라서 올바름은 곧 선을 모으는 일이다. 또한 선의 지향과 실천은 성찰하는 사고를 통해 이루어진다.

미국의 철학자 존 듀이에 의하면, '성찰하는 사고'는 의혹과 주저와 심적 곤란을 내포한다. 그뿐 아니라 동시에 당황한 사태를 진정시켜 처리해나가기 위한 탐구와 조사 작용도 포함한다. 이런 생활이 실천된다면, 인간으로서 부끄러울 바가 없으며 최고 경지에 도달해 떳떳함을 갖출 수 있다.

이렇게 볼 때, 호연지기는 인간의 착한 마음을 기르는 최적의 공부라 할 수 있다. 그런데 그 호연지기에 대해 맹자는 "말하기 어렵다"라고 표현했다. 왜 그랬을까? 결국 사람이 직접 체득(體得)하고 확충해야 했기 때문이 아닐까? 사실 체득은 논리적으로 증명하기 어렵다. 깨달음이라는 것은 참이든 거짓이든 자신만의 영역이며, 그것을 객관적으로 드러내기 위해서는 인간이 도저히 믿기 어려운 사실을 직접 보여줄 때만이 가능하다.

때문에 맹자의 호연지기도 언어를 통해 논리적으로 증명하기는 어렵다. 호연지기는 어찌 보면 인간이 보편적 심성으로 지각할 수 있는 내면적 힘이다.

말을 간파하고 파악하는 힘

부동심과 호연지기에 이어 맹자는 마음공부의 핵심을 지언(知言)으로 마무리한다. 지언은 '말을 아는' 것으로, 즉 말을 간파하고 파악하는 일이다.《맹자》〈공손추〉 상편에 그 모습이 자세히 실려 있다.

공손추: 선생님은 "다른 사람이 하는 말을 제대로 알아듣는다"라고 했는데, 무슨 말씀이시지요?

맹자: 편파적인 말을 들으면 그 사람이 무엇을 가리고 있는지 알 수 있다네. 지나치게 늘어놓는 말을 들으면 그 사람이 무엇에 빠져 있는지를 알 수 있다네. 이치에 맞지 않는 말을 들으면 그 사람이 정도에서 벗어나 있는 것을 알 수 있다네. 책임을 회피하는 말을 들으면 그 사람이 궁지에 몰려 있다는 것을 알 수 있다네. 이런 말들은 곧 바르지 못한 마음에서 생겨난다네[詖辭, 知其所蔽. 淫辭, 知其所陷. 邪辭, 知其所離. 遁辭 知其所窮. 生於其心].

정치지도자가 이런 생각을 가지게 되면 나라의 정치에 해를 끼치게 되지. 그것이 정치에 구체적으로 드러나면 해를 끼치는 것은 뻔한 일이지. 어떤 훌륭한 사람이 세상에 다시 나온다 하더라도 내 말에 수긍할 걸세.

공손추: 옛날 공자의 제자 중에 재아와 자공은 언변이 탁월했고, 염우와 민자건, 안연은 덕행에 뛰어났다고 했습니다. 공자는 이 두 가지를 겸하고 있으면서도, "나는 공식적으로 말을 하려 하면 언변이 능숙하지 못하다"라고 했지요. 그렇다면 선생님은 이미 훌륭한 사람 아닙니까?

맹자: 아니! 그게 무슨 말인가? 옛날에 자공이 공자에게 "선생님은 훌륭한 사람입니다"라고 하자, 공자가 "훌륭한 사람? 난 훌륭한 사람의 인품을 감당할 수 없네. 다만 배우기를 싫어하지 않고 가르치기를 게을리하지 않을 뿐이네"라고 했다네. 그러자 자공이 "배우기를 싫어하지 않는 것은 지혜로움이고, 가르치기를 게을리하지 않은 것은 인자함이니, 인자하고 지혜로운 분 아니겠습니까. 그러니 선생님은 이미 훌륭한 사람에 속합니다"라고 말했지. 이처럼 공자도 훌륭한 사람이라고 자처하지 않았는데, 나보고 훌륭한 사람이라니, 이 웬 말인가?

공손추: 옛날에 제가 "자하나 자유, 자장은 모두 훌륭한 사람의 자질 가운데 일부분만을 갖추고 있었고, 염우나, 민자건, 안연은 훌륭한 사람의 자질을 전반적으로 갖추고 있었으나 미약하다"라고 들었습니다. 선생님께서는 이런 자질 가운데 어느 쪽에 가까운지요?

맹자: 그런 이야기는 이제 좀 그만하세.

공손추: 수양산에서 고사리를 캐 먹다가 죽었다는 백이(伯夷)와 하나라 말기에 탕 임금을 도와 걸을 토벌하고 사람들을 폭정에서 구했다는 이윤(伊尹)은 어떠합니까?

맹자: 두 사람은 처세 방법이 다르다네. 정당한 길을 걷는 지도자가 아니

면 섬기지 않고, 정식으로 다스려야 할 사람들이 아니면 다스리지 않으며, 세상이 제대로 다스려지면 관직에 나아가고, 세상이 혼란스러우면 물러나는 사람이 백이라네. 이윤은 세상이 제대로 다스려져도, 세상이 혼란스러워져도 관직에 나아가 다스리려는 사람일세.

반면 관직에 나아갈 만하면 나아가고 물러나야 한다면 물러나며, 오래 머무를 만하면 오래 머무르고, 빨리 떠나야 할 만하면 빨리 떠날 줄 아는 사람은 공자라네. 이들 모두 훌륭한 분들이지. 나는 아직까지 그분들처럼 할 수 없었네. 원하는 바가 있다면 공자를 배우고 싶네.

공손추: 아니, 백이와 이윤이 공자만큼이나 훌륭한 사람들입니까?

맹자: 아닐세. 이 세상에 아직까지 공자만큼 훌륭한 인격자는 없다고 보네.

공손추: 그렇다면 이 세 분에게 같은 점이 있습니까?

맹자: 있지, 있고말고. 100리쯤 되는 영토를 가지고 지도자 노릇을 하면, 주변 나라 지도자들에게 조회를 받고 나라를 소유할 수 있을 만한 인물들이지. 그리고 한 가지라도 정의롭지 않은 일을 행하거나, 한 사람이라도 죄 없는 이를 죽이고 세상을 차지하는 일 같은 것은 절대 하지 않을 분들이지. 이런 것이 같은 점일 걸세.

공손추: 그럼, 세 분의 다른 점은 어떤 것입니까?

맹자: 세 분의 다른 점을 꼭 집어서 말하기는 좀 어렵네. 대신 공자 제자들의 말을 통해 생각해보세. 재아와 자공, 유약은 훌륭한 사람이 어떠한지를 알아볼 정도로 지혜로웠네. 그들의 인품이 훌륭한 인격자에는 미치지 못할지라도, 자기들이 좋아하는 것에 아첨하는 데까지 이르지는 않

왔다네. 공자에 대해 재아는 "우리 선생님은 요임금이나 순임금보다 훨씬 나은 분이다"라고 했고, 자공은 "그 사람의 예의범절을 보면 그 나라의 정치가 어떤지 알 수 있고, 그 사람의 음악을 들어보면 그 지도자의 덕망이 어떤지 알 수 있다. 100세대가 지난 후 100세대 이전의 지도자들을 평가해보아도, 이런 점은 충분히 증명할 수 있다. 이 세상에 아직까지 우리 선생님만큼 훌륭한 인격자는 있지 않았다"라고 했네. 그리고 유약은 "어찌 사람만이 그러하겠는가? 달리는 짐승 중에서 기린이나, 나는 새 중에서 봉황, 수많은 언덕 가운데 태산과 같이 큰 산, 길바닥에 고인 물에 비하면 황하와 같은 큰 강물이나 바닷물, 이런 것은 같은 부류 중에서 가장 뛰어난 것이다. 일반 사람 가운데 훌륭한 인격자도 이와 같이 비유할 수 있다. 같은 무리에서 가장 빼어나고, 함께 모인 것에서 높이 솟아났지만, 이 세상에 아직까지 우리 선생님만큼 훌륭한 인격자는 있지 않았다"라고 했다네.

공자 제자들의 이런 평가를 보면, 공자가 어떤 분인지 가늠할 수 있지 않겠나.

이처럼 맹자가 말하는 마음공부는 '부동심-호연지기-지언'이 유기적으로 연관되어 있다. 수제자인 공손추가 "부동심에 방법이 있느냐?"는 질문에 맹자는 "방법이 있다"고 말했다. 그 방법은 "스스로 돌이켜봤을 때 곧다면 어떤 두려움도 이겨낼 수 있는 것이다." 스스로 곧음, 이는 곧음이 마음을 함부로 흔들지 않게 하는 요건임을 의미한다.

　부동심의 설명에서 맹자와 고자의 결정적인 차이는 '말에서 얻지
못하면 마음에서 찾지 말라'라는 언표의 이해다. 고자는 마음과 말을
분리한 측면이 강한 반면, 맹자는 마음과 말의 연속성을 강조한다. 그
러므로 "말을 안다고 하는 것이 무엇입니까?"라는 제자의 질문에, "편
벽된 것의 뒤에 무엇이 감추어져 있는지 알고, 방탕한 말이 어디에 빠
져 있는지를 알며, 부정한 말이 무엇과 괴리되는지를 알며 도피하는
말이 왜 논리가 궁색한지를 알 수 있는데, 이는 모두 마음에서 생겨나
기 때문이다"라고 답한 것이다.

　즉 맹자는 사람의 말이 모두 마음에서 나오니, 마음이 바른 이치를
깨달아 가려지는 것이 없어야 공평하고 바른 말이 나올 수 있다고 보
았다. 그러므로 말을 간파하는 지언은 호연지기의 결과인, 언사(言辭)
와 시비(是非), 선악(善惡)을 변별하는 능력이다.

　이는 가장 우선적으로 '마음을 다잡아 매라!'라는 마음공부로 귀결
된다. 어떤 경우에도 마음은 몸으로 표출되는 말과 행위의 근원이기
때문이다. 앞에서도 강조했듯이, 부동심은 마음 자체가 움직이지 않
는다는 말이 아니다. '착한 싹'이라는 인간의 본성을 전제로, 이를 경
험하고 확충하려는 마음을 지니고 계속 공부해야 한다는 공부 이론
이다.

　즉 선의 단서가 아닌 마음의 표출을 막는 것이요, 선의 단서를 보
호하는 행위다. 그렇다면 과연 어떻게 부동심의 경지에 이를 수 있는

가? 그것의 구체적인 공부 방법이 바로 호연지기를 기르고 지언을 통하는 길이다.

선함이 완성되는 여섯 단계

맹자는 부동심과 호연지기, 그리고 지언을 전제로 공부의 과정에 따라 인생의 경지를 구분했다. 인간이 성숙해지는 단계는 모두 여섯 단계를 거친다. 이는 인간이 태어나서 죽을 때까지의 발달 상황으로 볼 수 있다.

이 여섯 단계는 호생불해(浩生不害)라는 사람이 악정자(樂正子)의 사람됨을 묻자, 맹자는 인물을 평하는 와중에 인격의 형성과 성숙 과정 전체를 요약해서 말한 것이다. 그 여섯 단계는 바로 선인(善人), 신인(信人), 미인(美人), 대인(大人), 성인(聖人), 신인(神人)의 경지다.《맹자》〈진심〉하편을 통해 자세히 살펴보자.

착함을 행하려는 사람을 선인이라 하고, 착함을 몸에 체득하고 있는 사람을 신인이라 하며, 선에 힘써서 내면의 알맹이가 꽉 찬 사람을 미인이라 하며, 속이 꽉 참은 물론 빛나는 사람을 대인이라 한다. 그리고 대인이면서 모든 행동이 저절로 척척 맞게 되어가는 사람을 성인이라 이르고, 성인이면서도 헤아릴 수 없는 사람을 신인이라고 한다.

[可欲之謂善, 有諸己之謂信, 充實之謂美, 充實而有光輝之謂大, 大而化之之謂聖.]

앞에서 누누이 언급한 것처럼, 맹자는 인간은 선천적으로 선함을 타고 태어났다는 것을 절대적으로 믿었다. 모든 인간은 착하다. 모든 사람의 마음에 선의 가능성이 내재되어 있다. 문제는 바로 그 타고 태어난 선을 자기 것으로 만들어가느냐, 아니냐이다.

자기 것으로 만들려는 인간이 선인이다. 그러기에 주자도 "선한 자는 반드시 그 선을 행하고자 하고 악한 자는 반드시 그 악을 행하고자 한다"라고 하며, 선단을 지닌 인간이 선으로 나아갈 수 있음을 옹호했다.

여기에서 선한 행위는 우선 사람을 사랑하고 단지 사람을 좋아하는 일에 불과하다. 이런 사람은 사람을 사랑하는 일에 뜻을 두고, 나쁜 짓은 하지 않는다. 기본적으로 좋은 인간관계를 이어나갈 수 있는 바른 마음에 머물러 산다. 신인은 인품의 극치로 선을 실제로 소유해 악취를 싫어하는 인간을 말한다. 진실로 선을 몸에 배게 하는 것이다.

선을 소유했을 때 거짓은 사라진다. 거짓이 없으면 믿음을 줄 수 있다. 그러기에 믿을 만한 사람이라고 했다. 즉 믿음은 선을 소유한 사람에게서만 나온다. 하지만 선인과 신인은 선을 갖추려는 초보 단계에 불과하다. 여기까지는 선한 마음을 지향하며 다짐을 통해 선한 마음을 가지고 있는 보통사람의 모습이다. 이는 질적 도약의 단계를 거쳐 보다 굳건한 인간으로 나아간다.

몸에 지닌 선을 힘써 행하며 충만하게 쌓아 꽉 차게 되면 아름다움은 저절로 그 가운데 있다. 이런 인간을 미인이라 한다. 중요한 것은 힘을 다해 선을 충족시키려는 노력이다. 몸에 선함을 지닌 것을 아는 것으로 끝나서는 곤란하다. 마음에서 선을 이해하고, 하는 일마다 모두 힘을 다해 행해야 한다. 선의 충만은 여기에서 나온다. 아름다운 사람은 결국 일상에서 선한 삶을 충실히 이행하는 사람이다. 한 발짝 더 나아가 화순(化醇)이 마음에 쌓여 아름다움이 몸으로 드러나고, 모든 일에 선함이 구체적으로 펼쳐진다면, 그 사람의 덕은 매우 성할 것이다.

선이 마음에 충실하게 쌓이더라도 밖으로 표출되지 않으면 의미가 없다. 선을 개인적으로 축적해가는 것만으로는 인간 완성을 이룰 수 없다는 것이다. 그러므로 속에 꽉 찬 선을 밖으로 표출해야 한다. 인간사에 덕이 성하고, 세상에 인(仁)이 드러나야 하는 것이다.

대인의 의미는 여기에 있다. 즉 대인이란, 개인의 선은 물론 그 선의 사회적 확장을 꾀하는 인간이라 볼 수 있다. 어쩌면 맹자가 마음공부를 통해 추구하는 현실적 인간은 대인에 있었는지 모른다. 왜냐하면 성인과 신인은 완전히 도통한 경지의 인간으로, 보통사람에게는 도달하기 어려운 이상적인 경지이기 때문이다.

이처럼 맹자가 제시하는 인격의 성숙, 마음공부의 질적 변화는 공자의 수양 단계와 매우 닮아 있다. 공자가 15세에 학문에 뜻을 둔 것에서, 30대에 이립(而立), 40대에 불혹(不惑), 50대에 지천명(知天命), 60대에 이순(耳順), 70대에 종심소욕불유구(從心所慾不踰矩)로 나아가는 단계에 비견하면 상당한 유사성을 발견할 수 있다. 다시 말해, 맹자와 공자 모두 인간의 근본 임무를 마음이라는 자기 내면의 세계에서 찾아, 일생의 공부로 삼은 것이다.

이런 차원에서 《맹자》〈고자〉 하편에서 맹자는 자신의 마음공부를 개인적·사회적 맥락에서 다음과 같이 언급했다.

하늘이 어떤 사람에게 큰일을 맡기려 할 때, 반드시 먼저 그 사람의 마음과 뜻을 괴롭게 하고, 근육과 뼈를 피로하게 하며, 신체를 야위게 하고, 몸을 가난하게 하여, 행하는 일마다 뜻과 같이 않게 한다. 이는 마음을 뒤흔들어 그 성질을 참게 해 일찍이 할 수 없었던 일을 해낼 수 있게 하기 위해서다.

[天將降大任於是人也, 必先苦其心志, 勞其筋骨, 餓其體膚, 空乏其身, 行拂亂其所爲. 所以動心忍性, 曾益其所不能.]

마음공부는 곧 자존심을 세우는 길이다

맹자는 전국시대를 가로지르며, 전쟁의 소용돌이를 직접 체험했다. 그리고 그 속에서 허우적대는 인간을 보았다. 인간은 무언가 일하기 위해 이 세상에 태어났다. 그 사명을 다하려니 마음이, 정신이 괴롭다. 그뿐 아니라 몸도 피곤하다. 내 마음과 하나가 될 여유도 없다.

그런 가운데 인간으로서의 사명감, 소명의식을 깨닫고, 시련을 딛고라도 그것을 실천해야겠다는 마음, 마음공부의 발생은 이런 의식에서 시작해 상승작용을 일으킨다.

인간에게 주어진 시련을 잘 견뎌내는 것이 바로 공부이고, 마음 다스림이며, 인내다. 이런 점에서 맹자의 마음공부는 인간이 원초적으로 선한 생명력을 갖고 있다는 믿음에서 시작해 몸의 기를 채워나가는 존심(存心)의 공부다. 이른바 자존심, 즉 존심을 확보하는 것이다.

더불어 맹자는 자신의 사명을 완수하려는 인간을 꿈꾼다. 그것은 곧 대장부(大丈夫)라는, 행동하는 양심을 지닌 인간이다. 공자는 군자(君子)라는 현실 가능한 인간을 구체적으로 추구했다. 춘추시대 상황과 맞물려 성인을 찾을 수는 없었지만, 당시로서는 진보적 입장에서 인간의 평등을 찾아가려고 노력했다.

맹자도 역시 공자의 적자답게 군자를 지향했다. 그러나 전국시대라는 인간 갈등의 소용돌이는 본분을 지키지 않고 제멋대로 날뛰는 인간을 올바른 인간으로 둔갑시켰다. 이에 맹자는 현실 속에서 양심적으로 행동하는 대장부를 고대한 것이다.《맹자》〈등문공〉 하편에서는 다음과 같이 말하고 있다.

세상의 넓은 집에 거처하며, 세상의 바른 자리에 서며, 세상의 큰 도를 행한다. 그 뜻을 얻으면 백성과 더불어 말미암고, 뜻을 얻지 못하면 홀로 그 도를 행한다. 부귀가 마음을 방탕케 하지 못하며, 빈천이 절개를 옮겨 놓지 못하며, 위무가 지조를 굽히게 할 수 없는 것, 이를 대장부라 이른다.

[居天下之廣居, 立天下之正位, 行天下之大道. 得志, 與民由之, 不得志, 獨行其道. 富貴不能淫, 貧賤不能移, 威武不能屈, 此之謂大丈夫.]

맹자는 '넓은 집', '바른 자리', '큰 도'를 중심으로 인간됨과 행위의 근거를 삼고 있다. 이념적으로 넓은 집은 인(仁)이며, 바른 자리는 예(禮), 큰 도는 의(義)를 뜻한다. 인은 인간관계와 행위의 표준이며 기준이다. 예는 실천 양식이며 의는 실천 지침이다. 즉 맹자는 '인-예-의'라는 관계를 일체로 보고 이를 체득해 실천하는 인간형을 추구했다.

여기서 넓은 집에 거처하는 것을 이해할 필요가 있다. 인간은 사사로운 마음이 조금도 없어야 인에 거처할 수 있다. 그래야만 바른 자리와 큰 도를 이해하고 실천할 수 있다.

공평한 마음, 선의 마음으로 자신의 사명을 실천할 수 있는 상황을 맞이한다면, 이때는 개인적 선의 실천을 넘어 타인과 더불어 하는 사회적 선의 실천으로 나아간다. 이는 곧 앞에서 본 대인의 경지와 통하는 것이다.

반면 선한 마음이 펼쳐지지 못하는 사회적 상황이라면, 개인의 선이라도 펼치겠다는 선의지를 보여야 한다. 이때 부귀와 빈천, 위세와 무력이 나의 선함을 꺾지 못할 정도로 마음공부에 몰두할 때 진정한 대장부가 될 수 있다.

어떠한 상황에서도 절대 내줄 수 없는, 절대 내줘서는 안 될 것이 바로 인간의 본질이다. 인간의 본질을 이루는 마음의 바탕은 선이요, 일에서는 본분이다. 그리고 이는 마음공부를 통해 부동심에 이른 인간에게서 가능하다.

제3장

순자,
마음이 가려지면
근심 걱정이 생긴다

인간은 인간의 원리로 다스려야 한다

우리에게 순자는 성악설(性惡說)로 잘 알려진 인물이다. 이는 맹자의 성선설과 극단적으로 대비된다. 순자는 맹자보다 후대이기는 하지만, 그 무시무시한 전국시대 말기를 살았던 인물이다. 수많은 제자백가가 출현해 자신의 생각들을 중구난방으로 표출할 때, 순자는 유가의 입장에서 여러 사상을 비판하고 흡수했다. 순자가 누구에게 글을 배웠는지 그 학통은 분명하지 않지만,《순자(荀子)》에 의하면, 중니(仲尼)와 자유(子遊), 자궁(子弓)을 존중했다고 기록되어 있다. 그리고 자사와 맹자를 심하게 비판하고 있는 것으로 보아, 유가 중에서도 자사나 맹자와는 다른 유파인 자하(子夏) 계통을 계승한 것으로 추측해

볼 수 있다.

사마천의《사기열전》에는 다음과 같이 순자의 행적을 기록하고 있다.

순자는 조나라 사람이다. 나이 50세에 비로소 제나라에서 유학했다. 그때 제나라에는 추연(騶衍), 추석(騶奭), 순우곤(淳于髡) 등이 있었다. 추연은 그 학술이 허풍스런 면이 있으나 크면서도 넓었고, 추석의 문장은 실용성은 없었으나 훌륭했으며, 순우곤은 오래 함께 있으면 명언을 쏟아 놓는 사람이었다. 그 가운데 순자가 가장 나이 많은 노선생이었다. 제나라는 열대부(列大夫)의 결원을 수시로 보충했는데, 순자는 세 번이나 열대부의 최장수 격인 좨주(祭酒)가 되었다. 그러나 누군가가 순자를 비난한 듯하다. 이에 순자는 자신을 모함하는 사람들을 피해 초나라로 갔다. 초나라 춘신군이 순자를 난릉의 현령으로 삼았다. 춘신군이 세상을 떠나자, 순자도 관직을 그만두었고, 난릉에서 살았다.

순자는 세상의 정치가 점점 혼탁해지고, 나라를 망치는 문란한 임금이 계속 나오며, 대도가 행해지지 않고 사람들은 무당이나 점쟁이들에게 혹해서 길흉화복을 믿고, 되지 못한 선비들이 조그마한 일에 구애되며, 장자의 무리가 세상을 조롱하며 풍속을 어지럽히는 것을 꺼려했다. 순자는 당시 학문의 중심지였던 제나라 직하학궁의 학사 가운데 원로 스승으로서 존경을 받아 좨주의 지위에 추대되었다. 좨주란 원래 성직을 맡은 장로를 가리키지만, 여기에서는 최고학부의 주재자란 말이다. 그는 약 10여 년간 제나라에 머물렀는데, 그 사이 진나라에 가서 소왕과 재상인 응후(應侯)에게 유교의 유용성을 전하고, 조나라에 가서는 효성왕(孝成王) 앞에서 임무군(臨武君)과 전략에 관해 문답을 교환한 일도 있었다.

기원전 256년 무렵에는 누군가의 중상모략을 받아 제나라를 떠났는데, 어쩌면 왕의 어머니, 즉 군왕후의 전제정치 아래에서 관민의 무기력과 부패에 정사를 단념해버린 것인지도 모른다. 그 다음 방문한 사람은 초나라의 권력자인 춘신군이다. 당시 초나라는 반 세기경에 걸쳐 진나라의 강압으로 화친 외교를 강요받은 데다 그 예봉을 피하기 위해 도읍을 양자강으로 옮겼다. 이때 춘신군이 순자를 난릉 땅의 현령으로 임명했다. 순자는 거기에서 여생을 마쳤다고 한다.

이러한 기록을 볼 때 순자는 그다지 높은 벼슬을 지내지도 못하고, 대부분의 생애를 학문과 교육으로 보낸 듯하다. 순자가 지었다는 《순자》는 《논어》, 《맹자》와 달리 대화체가 아니라 논문체로 쓰여 있다. 따라서 《순자》의 글 자체가 냉정하고 논리적인데, 이는 그의 합리적이고 객관적인 학문 자세와 무관하지 않다. 그러나 오히려 냉정하고 논리적인 치밀성으로 말미암아 유가의 경전을 정리하여 전승하는 데 크게 기여했다. 순자의 제자 가운데는 법가 사상을 집대성한 한비자(韓非子)와 진시황의 재상이 된 이사(李斯)가 유명하다.

'천인합일'의 정신에 의거한 유교에서 볼 때, 자연은 인간에게 도덕적 가치를 제공하는 근원이었다. 그러기에 인간 사회의 문제는 사람들의 생활 자체만을 가지고 논할 수 있는 것이 아니었다. 늘 우주자연 질서와의 관계를 통해 이해해야 했다. 그러기에 정치지도자가 조금이라도 잘못하는 일이 생기면 하늘이 벌하는 것으로 보았고, 가뭄이 들어 농사를 지을 수 없는 상황이 발생하면 하늘이 벌을 내리는 것으로 이해했다. 특히 어떤 사람이 잘못을 저지르면, "하늘이 무섭지도 않은가?"라는 말로 자연에 의탁하는 경우가 많았다.

그러나 순자는 달랐다. 순자는 하늘이 의지를 지닌 인격적 존재가 아니라, 객관적 법칙에 의해 지배되는 자연 현상으로 보았다. 일정한 불변의 법칙을 따르는 자연 현상일 뿐이다. 이는 우주자연이 인간의 행복과 불행을 결정하거나 주재하는 존재가 아니라, 인간이 스스로 자신의 의지와 행동에 의해 운명을 개척할 수 있다는 인간 주체성을 선언한 것이다. 바로 이 지점이 순자의 마음공부를 가르는 잣대가 된다.

순자는 자연과 인간을 합일한 것이 아니라, 반대로 자연과 인간을 분리시켰다. 하늘에 의지가 있음을 인정하지 않았다. 인간의 길흉화복은 하늘의 의지에 의해 일어나는 것이 아니라, 인간의 행위에 의해 결정된다는 것이다.

《순자》〈천론(天論)〉에는 "사람이 추위를 싫어한다고 해서 하늘이 겨울이라는 계절을 없애지는 않는다. 사람들이 먼 거리를 싫어한다고 하여 땅이 그 넓음을 없애지는 않는다[天不爲人之惡寒也, 輟冬. 地不爲人之惡遼遠也, 輟廣]"라고 하여, 하늘과 땅의 운행 원리나 법칙이 사람의 의지나 행위와 무관하며, 객관적인 것으로 파악했다.

자연과 인간의 분리! 그것은 맹자를 중심으로 하는 전통 유가의 입장에서 보면, 일종의 사상 혁명이었다. 순자에 의하면, 자연과 인간의 구분을 명료하게 인식하고 사람으로서 올바른 행위를 실천하면 온전한 인간이 될 수 있다. 자연에 영원불변의 원리가 있는 것처럼, 인간은 인간의 원리에 의해 다스려져야 한다. 이는 자연과 인간이 제각기 독립적이고 병존함을 보여준다.

《순자》〈천론〉에서 강조하는 점을 다시 보자.

자연을 위대하게 여기고 그 생성의 힘을 고맙게 생각하는 것과 사물을 길러서 처리하는 것 가운데 어느 쪽이 더 낫겠는가? 자연을 따르면서 그것을 칭송하는 것과 자연으로부터 타고난 것을 처리해 그것을 이용하는 것 가운데 어느 쪽이 낫겠는가? 사계절의 운행이 순조롭기만을 바라며 기다리는 것과 사계절의 순환에 대응하여 그것을 응용하는 것 가운데 어느 쪽이 낫겠는가? 만물이 자연적으로 번식하는 것을 기다리는 것과 사람이 자기의 능력을 다해 생산을 촉진하는 것 가운데 어느 쪽이 낫겠는가? 물건을 얻고자 생각은 하면서도 그것을 외물로 여겨 그저 기다리는 것과 물건을 잘 관리하여 잃지 않는 것 가운데 어느 쪽이 낫겠는가? 만물이 생긴 까닭을 알려는 것과 만물을 완성시키는 방법을 아는 것 가운데 어느 쪽이 낫겠는가? 그러므로 인간이 자신의 노력을 버리고 자연에만 의지하여 그것을 사모하면 만물의 실정을 잃게 될 것이다.

순자는 자연과 인간의 구분을 중시했을 뿐 아니라, 자연을 이용하는 데까지 나아갔다. 이제 더 이상 자연은 신비하게 존중하고 사모해야 하는 관념이 아니었으며, 자연이 인간의 도덕적 가치의 근원이라는 기존의 관념은 순자에 이르러서는 완전히 부정되었다.

물론 인간은 본래 자연의 일부분으로 태어났다. 그러나 독립적인 존재로 자연과 대등해졌다. 자연에게 더 이상 지배받지 않는 독자적인 가치 체계를 지니게 된 것이다. 따라서 순자는 "하늘에 있는 것 중에는 해와 달이 가장 중심이고, 땅에 있는 것 중에는 물과 불이 가장 소중하며, 물건 중에는 진주와 옥이 가장 귀중하고, 사람에게는 예의가 가장 중요하다"라고 하여, '예의(禮義)'를 강조했다.

오늘날, 예의는 인간 사회에서 필수불가결의 중요한 가치 기준이 되었다. 그러나 이것은 더 이상 자연의 명령에 의한 것이 아니라, 성인(聖人)이 만들어낸 것이다. 즉 순자는 인간의 가치 규범은 자연과 같은 외부로부터 주어지는 것이 아니라, 인간 스스로 만들어내는 것으로 생각했다.

악한 본성을 다스려야 지혜를 얻는다

순자의 마음공부를 고민할 때, 반드시 인식해야 할 것은 바로 순자의 성악설이다. 잘 알다시피, 성악설은 순자 사상의 핵심이다. 문제는 그 성악을 어떻게 이해하느냐이다. 성악(性惡)이라고 했을 때의 악(惡)

은 무조건 나쁜 것만을 의미하는가? 순자가 말하는 악한 인간의 본성은 무엇일까?《순자》〈성악(性惡)〉에 나오는 다음의 설명에 귀 기울일 필요가 있다.

인간의 본성은 악하다. 선한 것은 인간이 만들어낸, 작위(作爲)의 결과다. 인간의 본성은 태어나면서부터 이익을 쫓아가며 그것을 좋아한다. 이익을 좋아하므로 서로 다투고 빼앗으며 사양하거나 양보하는 것이 없어진다. 나면서부터 이익을 가운데 두고 질투하고 미워하는 근본 원인을 안고 있다. 질투하고 미워하므로 남을 해치고 상하게 하는 일이 생기며, 사람에 대한 예의가 없어지고, 사람에 대한 충실과 믿음이 없어진다. 사람은 나면서부터 귀와 눈의 감각기관들이 욕망으로 가득 차 있어 아름다운 소리와 빛깔을 좋아한다. 아름다운 소리와 빛깔을 추구하기에 음란한 일과 혼란이 생기고, 예의와 도리가 없어진다. 그러니 인간의 본성을 따르고 인간의 감정을 쫓으면 반드시 서로 다투고 빼앗게 되고, 분수를 어기고 도리를 어지럽혀 난폭함으로 귀결될 것이다. 그러므로 인간의 본성은 악한 것이 분명하다. 그것이 착하다는 것은 인간의 후천적인 작위의 결과다.

[人之性惡, 其善者僞也. 今人之性, 生而有好利焉, 順是, 故爭奪生而辭讓亡焉, 生而有疾惡焉, 順是, 故殘賊生而忠信亡焉, 生而有耳目之欲,有好聲色焉, 順是,故淫亂生而禮義文理亡焉. 然則從人之性, 順人之情, 必出於爭奪, 合於犯分亂理而歸於暴. 故必將有師法之化禮義之道, 然後出於辭讓, 合於文理而歸於治. 用此觀之, 然則人之性惡明矣, 其善者僞也.]

순자는 인간이 태어나면서부터 갖게 되는 자연적 성향을 '본성'이라고 불렀다. 본성은 인간이 태어난 후, 공부를 통해 쌓은 결과가 아니라, 천성적으로 몸에 지니고 있는 것이다. 또한 타고난 본성이 여러 가지 대상과 접촉함으로써 자연적으로 파생된 것 역시 본성에 포함시켰다. 말하자면, 순자에게 악은 이러한 본성 속에 있는 이익을 추구하는 경향 때문에 발생한 것이며, 이는 감각적인 욕망을 따를 때 그 결과로 나타난다.

순자는 맹자의 성선설에 대해, 이러한 본성과 작위를 구분하지 못했다고 비판했다. 순자에게 본성은 자연적으로 타고난 것이므로 배워서 행할 수 있는 것도 아니고, 노력으로 이룰 수 있는 것도 아니다. 배워서 행할 수 없고 노력해서 이룰 수 없는 데도 사람에게 있는 것이 '본성'이다. 반면 배우면 행할 수 있고 노력하면 이룰 수 있는, 사람에게 있는 것이 '작위'이다. 이 작위는 쉽게 말하면, 사람이 필요에 의해 만드는 '인위적인 것'를 의미한다. 예의는 성인이 만들어낸 것이므로 배우면 행할 수 있고, 노력하면 이룰 수 있다.

눈은 볼 수가 있고, 귀는 들을 수 있다. 볼 수 있는 힘은 눈을 벗어나지 않고, 들을 수 있는 힘은 귀를 벗어나지 않는다. 다시 말하면, 눈은 시력이 있고 귀는 청력이 있다. 이것은 배워서 될 수 없는 것들, 바로 본성이다. 그런데 사람은 본성대로 내버려두면, 그의 질박함과 자질도 떠나버려 선함을 반드시 잃어버리고 만다. 이렇게 볼 때, 인간의 본성은 악한 것이 분명하다.

순자에 의하면, 인간의 본성이 악하기 때문에 인간은 선해지려고 한다는 것이다. 인간은 덕성이 모자라면 채워지기를 바라고, 보기 흉하면 아름다워지기를 바라며, 좁으면 넓어지기를 바라고, 가난하면 부유해지기를 바라며, 천하면 귀해지기를 바란다. 이와 같이 인간은 자신에게 없는 것을 반드시 자신의 바깥에서 구하려고 한다. 이것은 본성이 악하기 때문에 선으로 나아가려는 자연스런 과정이다.

순자는 이러한 본성이 발동할 때, 자연스럽게 생겨나는 것을 정(情)이라고 불렀다. 정은 달리 말하면, 감정이나 정서와 같은 사람으로서의 정감이다. 즉, 인정이다. 좋아함과 미워함, 즐거움과 노여움, 슬픔과 기쁨 등이 정이다. 인간은 마음의 작용을 통해 정을 선택하고 그것을 통제할 수 있다.

이렇듯 마음은 사고와 힘을 자유롭게 움직일 수 있다. 이것이 바로 인간을 인간답게 하는 것이다. 이러한 의미에서 사고와 힘을 자유롭게 움직이는 것은 인간이 행동하는 것, 즉 인위다. 이 인위 가운데는 이익을 지향하는 개인적인 측면과 윤리를 지향하는 실천적인 측면이 있다. 또한 인간에게는 지각 작용을 담당하는 지식적 측면이 있는데, 이 지식적 측면이 대상에 따라 적절히 움직이는 것을 '지혜'라고 하며, 그것을 가능하게 하는 힘을 '능력'이라 부른다.

순자는 인간이 본래 타고난 본성과 인위적인 창조에 대해 이렇게 규정한 후, 이런 요소들이 인류에 어떤 역할을 했는지 문제제기를 했다. 인간은 본성과 감정에 따르는 한, 이익을 추구해 투쟁하고 증오하며 타인을 해치고 관능을 탐닉해 인류을 어지럽히게 된다는 것이다. 본성과 감정은 인간 사회에서 필연적으로 악을 드러내기 마련이다. 그러므로 인간의 본성은 악이며, 맹자의 성선설은 어불성설이라고 비난한다.

이처럼 인간의 본성이 악이라면, 선은 누구에 의해 어떻게 창조되는가? 순자는 그러한 역할은 특정 인물들, 즉 성인(聖人)이나 대인(大人), 지인(至人)만이 할 수 있다고 보았다.

예의는 인간에게 반드시 필요한 가치다

다시 예의로 돌아가보자. '예(禮)'는 공자 이래 유가에서 매우 중시되어 왔다. 그런데 자사(子思)나 맹자는 예의 정신적 측면을 강조한 반면, 순자는 기능적·형식적 측면을 강조했다. 순자는 예가 발생하게 된 경위를《순자》〈예론〉에서 다음과 같이 설명했다.

예는 어디에서 생겨났는가? 사람은 나면서부터 욕망이 있는데, 바라면서도 얻지 못하면 추구하지 않을 수 없고, 추구함에 일정한 기준과 한계가 없다면 다투지 않을 수 없게 된다. 다투면 어지러워지고, 어지러워지면 궁해진다. 선왕이 그 어지러움을 싫어하셨기 때문에 예의를 제정해 이들의 분계를 정했다. 그리하여 사람들의 욕망을 충족시켜주고, 사람들이 원하는 것을 공급케 했던 것이다. 욕망은 반드시 물건에 궁해지지 않도록 하고, 물건은 반드시 욕망에 부족함이 없도록 하여, 이 두 가지가 서로 균형 있게 발전하도록 했다. 이것이 예가 생겨난 이유다.

[禮起於何也. 人生而有欲, 欲而不得, 則不能無求. 求而無度量分界, 則不能不爭. 爭則亂, 亂則窮, 先王惡其亂也. 故制禮義以分之, 以養人之欲, 給人之求, 使欲必不窮乎物, 物必不屈於欲, 兩者相持而長, 是禮之所起也.]

순자에 의하면, 인간의 본성과 감정은 대상을 헤아리거나 분별하지 않고 제멋대로 욕망을 추구한다. 하지만 그 대상인 '물건'의 양에는 한도가 있다. 때문에 반드시 싸움이 일어나게 된다. 따라서 선왕들이 이 싸움을 예방하기 위하여 예의를 만들었다는 것이다.

예의는 일방적으로 개인의 욕망을 억누르는 것이 아니라, 일정한 한도 내에서 사람들의 욕망을 충족시켜주고 사람들이 원하는 것을 공급하게 한다. 욕망이 물건에 궁해지지 않도록 하고, 물건은 욕망에 부족함이 없도록 해서 이 두 가지가 서로 균형 있게 발전하도록 하는 것이다. 즉 인간의 욕구에 부응하는 한편 물건이 다하지 않도록 관리해 양자의 조화를 꾀하는 것이다. 이런 점에서 예의는 사람들이 사회생활을 하면서 자신의 신분에 알맞게 일하고 행동하며 거기에 따른 보수를 받고, 또한 신분에 알맞은 소비를 하게 함으로써 조화를 이뤄 평화롭게 살도록 하기 위한 것이다.

순자는 인간을 무리를 이루어 사는 사회적 동물이라고 보았다. 그러므로 사회질서를 유지하며 원활히 살아가는 것 역시 인간의 특징이다. 사회가 원활히 돌아가며 제대로 유지될 수 있는 것은 사람들이 의로움을 알기 때문이다. 이 의로움이 바탕이 돼서 사회적인 분별과 규범으로 나타나는 것이 바로 예의다.

순자가 말하는 예의에는 두 가지 목적이 있다. 하나는 사람들의 생활 욕구를 일정한 범위 안에서 충족시켜 가능한 한 그것을 만족시키는 것이다. 다른 하나는 귀한 사람과 천한 사람, 어른과 어린이, 부자와 빈자 사이에 차등을 두어 질서를 확립하는 것이다. 예의는 인간의 본성과 작위를 통일시켜 만든 것이며, 우주자연의 법칙에 대응한다. 이러한 의미에서 천지가 합하여 만물이 생겨나며, 음양이 교접하여 변화가 일어나고, 본성과 작위가 합하여 세상이 다스려진다고 할 수 있다. 요컨대 인간이 창조한 것 가운데 예의는 가장 고차원적인 것이며, 그것은 지고의 덕과 지위를 가진 선왕에 의해 처음으로 완성된다.

순자는 이처럼 인간이 갖춰야 할 것들 중 예의를 가장 중시했다. 특히 천지(天地), 선조(先祖), 군사(君師) 등 세 가지 근본에 대한 예의를 중시했다. 왜냐하면 천지는 생명의 근원이고, 조상은 인간의 근원이며, 군사는 다스림의 근원이기 때문이다. 이러한 입장에서 그는 하늘의 신에게 제사를 드리는 교제, 땅의 신에게 제사를 드리는 사제, 곡물의 신에게 제사를 드리는 직제, 조상에게 제사를 드리는 묘제 등에 대한 정신과 의례에 대해서도 설명했다.

순자는 당시의 사회 계층을 천자(天子), 제후(諸侯), 대부(大夫), 사(士), 서인(庶人), 형여(刑餘), 죄인(罪人) 등으로 서열화하고, 의례도 이러한 차등에 따라 행해야 한다고 생각했다. 순자의 예는 넓은 범위와 계층에 걸친 다양한 의례를 의미했으며, 나아가 국가 제도도 여기에 포함시켰다. 국가의 주요 관직과 그 임무 분담에도 예악과 형정을 병용해 내무, 사법, 통상, 공상, 지방행정, 농림, 건설, 군사 등을 운영해야 한다고 말했다.

한편 그는 신하와 백성을 교화하는 방법에는 네 가지가 있다고 말했다. 첫째는 어진 사람을 발탁하는 일이고, 둘째는 부적임자를 해직하는 일이며, 셋째는 선동자를 주살하는 일이고, 넷째는 온건 중정한 백성을 교화하는 일이다. 즉 선한 자에게는 예의를 사용하고, 선하지 않는 자에게는 형벌을 사용하며, 평등 정책은 쓰지 않는 것을 원칙으로 했다. 특히 순종적인 백성에 대해서는 발탁하거나 복지 정책을 펼치거나 표창하며 구제에 힘을 쏟으려 했다.

이러한 예의는 성인의 작위에 의해 생겨난 것이지, 본디 사람의 본성에서 나오는 것은 아니다. 성인이 생각을 쌓고 작위를 오랫동안 익혀 예의를 만들어내고 법도를 제정하는 것이다. 따라서 작위란, 사람의 본성을 교화시키려는 올바른 행위다. 성인의 작위에 의해 예의가 생겨나는 것이므로, 예의는 사람의 본성을 올바로 이끌고 사회의 질서를 바로잡는 규범이 될 수 있다.

올바른 길을 향해 마음을 열어놓아라

순자는 올바른 마음은 하나라고 보았다. 이 마음이 올바르면 저 마음은 그르다고 본 것이다. 문제는 마음의 상황으로, 일관된 마음을 어떻게 운용하느냐다. 이러한 마음공부의 방법은 《순자》〈해폐〉에 잘 드러난다.

사람의 병폐는 하나의 큰 모퉁이가 그 사람의 마음을 가리고 있기 때문에, 세상의 올바른 이치에 어둡다는 데 있다. 마음을 잘 다스리면 정상으로 되돌아오지만, 옳은 것과 그른 것, 둘 다를 의심하면 마음이 혼란스러워진다.

[人之患, 蔽於一曲, 而闇於大理. 治則復經, 兩則疑惑矣.]

순자에 따르면 세상에 올바른 길이 두 개가 있을 수 없다. 올바른 사람에게는 서로 다른 두 가지 마음이 있을 수 없다. 지금 각 나라의 정치지도자들은 제각기 다른 정치를 하고, 여러 학파들은 제각기 다른 학설을 주장하고 있다. 이런 경우 반드시 어떤 것은 옳고 어떤 것은 그르며, 어떤 것은 잘 다스려지고 어떤 것은 혼란스러운 것에 속한다. 모두가 옳고 모두가 그른 것이 결코 아니다. 즉 하나가 옳으면 다른 하나는 그른 것이다. 나라를 혼란스럽게 만드는 지도자나 가문을 어지럽히는 사람도, 나름대로는 그의 마음을 다해 올바른 것을 구한

다고 한다. 하지만 제멋대로 판단하기 때문에 나라나 가문이 어지러
워지는 것이다.

마음을 제대로 쓰지 않으면 희고 검은 것이 바로 앞에 있다 하더라
도, 눈으로 그것을 보지 못한다. 천둥소리나 북소리가 바로 옆에서 들
린다 하더라도, 귀로는 그것을 듣지 못한다. 그러므로 사람은 욕심에
가려지기도 하고, 미워하는 마음에 가려지기도 한다. 일을 시작한다
는 생각에 가려지기도 하고, 일을 끝낸다는 생각에 가려지기도 한다.
멀리 있다는 생각에 가려지기도 하고, 가까이 있다는 생각에 가려지
기도 한다. 넓다는 생각에 가려지기도 하고, 얕다는 생각에 가려지기
도 한다. 옛것을 생각하는 데 가려지기도 하고, 현재의 것을 생각하는
데 가려지기도 한다. 이처럼 모든 사물은 서로 가려지지 않는 것이 없
다. 그것이 바로 마음공부를 통해 해결해야 할 근심걱정이다.

옛부터 전해오는 말에, "현명한 사람을 알아보는 것을 '밝다'라고
하고, 현명한 사람을 돕는 것을 '유능하다'라고 한다. 밝고 유능하기
위해 부지런히 힘쓴다면 그 사람은 많은 복을 누릴 것이다"라고 했다.
이것이 바로 마음이 가려지지 않은 결과로 받게 되는 복이다.

묵자는 실용에 가려 문식을 하지 못했고, 송자는 욕망에 가려서 소
망을 알지 못했으며, 신자는 법에 가려서 현명한 것을 알지 못했고,
신자는 권세에 가려서 지혜를 알지 못했다. 그리고 혜자는 말에 가려
서 실속을 알지 못했다.

그러므로 실용을 좇는 것을 길이라고 한다면, 실리만을 다하게 될

것이다. 욕망을 좇는 것을 길이라고 한다면, 유쾌함을 다하게 될 것이다. 법을 좇는 것을 길이라고 한다면, 술수만을 다하게 될 것이다. 권세를 좇는 것을 길이라고 한다면, 편의만을 다하게 될 것이다. 말을 좇는 것을 길이라고 한다면, 논의만을 다하게 될 것이다. 이 몇 가지의 것은 모두 길의 한 모퉁이에 불과하다. 이래서는 온전한 마음공부가 어렵다. 《순자》〈해폐〉의 다음 구절을 보자.

> 인간의 올바른 도리라는 것은 일정한 마음을 본체로 하여 그 변화를 다하는 것이다. 따라서 한 모퉁이로는 그것을 모두 드러낼 수가 없다. 일부분만을 아는 사람이 가야할 길의 한 모퉁이만을 보는 것이어서 진정으로 마음을 모두 알 수가 없다.
>
> [夫道者, 體常而盡變, 一隅不足以擧之. 曲知之人, 觀於道之, 一隅而未之能識也.]

그러므로 자신이 인간의 올바른 길을 모두 알고 있다고 착각하고 이론을 만들어내면 안으로는 스스로를 어지럽히고 밖으로는 남을 현혹하며, 위에서는 아랫사람들을 막히게 하고 아래에서는 윗사람들을 막히게 한다. 이것이 마음이 가려지고 막히는 재난이다.

마음공부의 핵심은 바로 마음을 가리고 살아가느냐 그러지 않느냐이다. 마음을 가리지 않는다는 말은 올바른 길을 향해 마음을 열어놓는, 일종의 포용력을 의미한다.

마음을 비우고 차분함을 유지하라

—

《순자》〈해폐〉의 다음 구절을 보자.

훌륭한 사람들이 마음을 쓰는 방법은 간단하다. 인간의 삶에서 근심과 걱정, 혼란이 어디에 있는지를 감지한다. 그리고 그것으로 인해 마음이 가려져 생기는 불행이 무엇인지 통찰한다. 그렇게 마음을 쓰는 사람은 특별히 좋아하는 것도 싫어하는 것도 없다. 무언가를 시작한다는 생각도, 끝낸다는 생각도 없다. 가까운 것에도, 먼 것에도 특별히 마음이 끌리지 않는다. 넓은 것도, 얇은 것도 특별히 없다. 옛날의 것도, 지금의 것도 따로 없다. 모든 사물들을 다 같이 늘어놓고 재고 헤아릴 뿐이다. 그러므로 여러 가지 서로 다른 것들이 마음을 가려 질서를 어지럽힐 수가 없는 것이다.

[聖人, 知心術之患, 見蔽塞之禍, 故無欲無惡, 無始無終, 無近無遠, 無博無淺, 無古無今. 兼陳萬物而中縣衡焉. 是故衆異部得相蔽以亂其倫也.]

그렇다면 무엇을 재고 헤아려야 하는가? 그것은 사람이 살아가는 올바른 길이다. 사람의 마음이 올바른 길을 알아야만 그 길을 따를 수 있다. 올바른 길을 따라야만 그 길을 지키면서 도리에 어긋나는 일을 금할 수 있다. 올바른 길을 따르는 마음으로 사람을 선택해보라! 그러면 그 길을 따르는 사람을 만나고, 그 길과 어긋나는 사람은 만나지 않게 될 것이다. 올바른 길을 따르는 마음으로 그 길을 따르는 사람과 함께하며, 그 길과 어긋나는 사람들을 비판하는 것이 마음공부의 요체다. 즉, 마음공부는 올바른 길에 대해 아는 데 있다.

그렇다면, 사람들은 무엇으로 올바른 길을 아는가? 마음으로 알 수 있다. 그렇다면, 마음은 어떻게 올바른 길을 아는가? 마음이 깨끗하게 비워지고 한결같아지며 고요해질 때, 알 수 있다. 마음에는 여러 가지가 쌓여 있지만 깨끗하게 비워지는 상태가 있다. 마음은 여러 가지를 생각하지만 한결같아지는 상태가 있다. 마음은 끊임없이 움직이지만 차분해지는 상태가 있다. 따라서 올바른 길을 알려거든 마음을 비우고, 마음을 일관되게 하고, 마음을 차분하게 하라.

사람은 나면서부터 지각이 있다. 지각이 있으면 사물을 기억하게 된다. 사물을 기억하게 되면 마음에 여러 가지가 쌓이게 된다. 그러나 그 쌓여 있는 것 가운데 깨끗하게 비워지는 상태가 있다. 마음에 이미 쌓여 있는 것들 때문에 새로운 것을 받아들이는 것이 방해받지 않는 것, 그것이 바로 마음이 깨끗하게 비워진 상태다.

마음에도 역시 본래부터 지각이 있다. 지각이 있으면 여러 가지를 분별하게 된다. 분별하는 것은 동시에 여러 가지를 아울러 알게 한다. 여러 가지를 아울러 알게 되면 여러 가지를 생각하게 된다. 그러나 그 여러 가지를 생각하는 가운데 일관되는 상태가 있다. 저쪽의 하나 때문에 이쪽의 하나가 방해받지 않는 것, 그것을 일관된, 한결같은 상태라고 한다.

마음은 누워서 잠잘 때는 꿈을 꾸고, 멍청히 있을 때는 저절로 아무 곳에나 기울게 되며, 마음을 부리면 생각하게 된다. 그러므로 마음이 움직이지 않을 때란 없다. 하지만 그런 움직임 가운데 차분한 상태가 있다. 몽상이나 번거로운 생각 때문에 지각이 어지러워지지 않는 것, 그것을 차분한 상태라고 한다.

올바른 길을 제대로 터득하지 못하고 여전히 그 길을 찾고 있는 사람에게는 "마음을 깨끗하게 비우고, 한결같게 하며, 차분함을 추구하라"라고 일러주어야 한다. 그것이 가능할 때, 즉 마음을 깨끗하게 비운 상태가 되면 올바른 길로 들어서게 되고, 한결같은 상태가 되면 그 길을 다하게 되며, 차분한 상태가 되면 그 길을 잘 살펴 이해하게 된다.

올바른 길에 대해 알고 그것을 잘 살펴 이해하며, 그 길에 대해 알고 실천하는 것이 인간의 길을 체득한 사람이다. 그것을 가능케 하는 작업이 다름 아닌 마음공부다. 이런 마음공부를 통해 마음이 깨끗하게 비워지고 한결같아지며, 차분해진 것을, '마음이 크고 맑고 밝다'라고 하는 것이다.

보이는 것들은 제 각기 나름의 이치가 있다. 이치에 따라 행하면 자기 자리를 잃는 법이 없다. 방안에 앉아서도 온 세상을 볼 수 있고, 현재에 살고 있으면서도 미래의 일을 논할 수 있다. 모든 사물을 꿰뚫어 보아 그것의 실태를 파악하고, 세상 이치에 통달하게 된다.

마음이 헷갈리면 의혹이 생긴다

마음은 자신이 선택한 것을 받아들이는 데 망설임이 없다. 반드시 스스로 보고 선택한다. 주변의 물건들이 아무리 복잡하더라도 그 정신이 똑바로 선 상태에서는 헷갈리지 않는다. 하지만 마음이 갈라지면 아는 것이 없게 된다. 마음이 기울어지면 바르지 않게 된다. 마음이 헷갈리면 의혹이 생긴다.

《순자》〈해폐〉에 다음과 같은 구절이 있다.

마음은 몸을 주관하는 존재이자 정신의 주인이다. 명령을 내리기는 하지만 어떤 것으로부터도 명령을 받는 일이 없다. 마음은 제 스스로 금하고, 제 스스로 부리며, 제 스스로 뺏고, 제 스스로 가지며, 제 스스로 행하고, 제 스스로 멈춘다. 입은 협박하여 침묵하게 만들거나 말을 하게 할 수 있고, 육체는 협박하여 굽히게 만들거나 뻗게 할 수가 있지만, 마음은 협박하여 뜻을 바꾸게 할 수가 없다. 옳다고 생각하는 것은 받아들이고, 그르다고 생각하는 것은 물리친다.

[心者, 形之君也, 而神明之主也, 出令而無所受令. 自禁也, 自使也, 自奪也, 自取也, 自行也, 自止也. 故口可劫而使墨云, 形可劫而詘申, 心不可劫而使易意, 是之則受, 非之則辭.]

사람의 마음은 물과 같다. 그것을 바르게 놓고 움직이지 않게 하면 지저분하고 탁한 것은 아래로 내려가고 깨끗하고 맑은 것은 위에 있게 된다. 물은 거울과도 같아서 수염과 눈썹까지 비춰볼 수 있고 잔주름까지 살필 수가 있다. 그러나 조금이라도 바람이 불면 지저분하고 탁한 것이 아래쪽에서 움직이고, 깨끗하고 맑은 것이 위쪽에서 어지러워져 큰 형체조차 올바르게 비춰볼 수 없게 된다.

마음 또한 그와 같다. 그러므로 마음을 맑게 잘 길러서 기울어지지 못하게 해야 한다. 그러면 옳고 그름을 가리고 의혹을 풀 수 있게 된다. 작은 사물에 끌리게 되면 마음의 올바름이 밖으로 이끌리고, 그 마음은 안으로 기울어져 여러 가지 이치를 가려낼 수 없다.

예를 들어 보자. 글을 좋아했던 사람은 많았다. 하지만 창힐(蒼頡)의 이름만이 전해지고 있는 것은 그가 일관되게 글씨를 다루는 일을 했기 때문이다. 농사를 좋아했던 사람은 많았다. 하지만 후직(后稷)의 이름만이 전해지고 있는 것은 그가 일관되게 농사짓는 일을 했기 때문이다. 이처럼 일관되게 마음공부를 하는 사람은 자기가 맡은 일에 마음을 몰두해 집중하는 양상으로 드러낼 뿐이다.

탁하면서 밝은 마음은 밖으로 빛을 발하고, 맑으면서 밝은 마음은 안으로 빛을 발한다. 마음공부가 제대로 된 성인은 자기가 바라는 대로 행동하고 자기의 감정에 따라 행동하는데 그것이 바로 올바른 길에 의해 조절된다. 그런데 무엇을 참고, 무엇을 위태롭게 느끼고 경계하겠는가?

마음공부가 제대로 된 사람은 인위적으로 만드는 작위가 없다. 올바른 길을 실천할 때, 애써 노력하는 것이 없다. 따라서 마음공부가 제대로 된 사람은 자신의 생각대로 자연스럽게 행동하며 즐기는 삶을 살 수 있다. 이것이 마음공부가 필요한 이유다.

결과를 예측하는 것이 필요하다

사람의 본성이나 마음을 파악하면, 그것을 바탕으로 사물의 이치를 추측할 수 있다. 사람의 본성이나 마음을 파악하는 방법으로 사물의 이치를 알려 하더라도 어떻게 결과를 예측해내야 하는지 그 기준이 없다면 목숨이 다할 때까지 추구해도 제대로 알 수가 없다. 또한 어떠한 이치를 익혔다 하더라도 그것으로 모든 사물의 변화를 예측할 수는 없다. 이 경우, 아무리 현명한 사람일지라도 어리석은 사람과 다를 바가 없다.

따라서 마음공부를 한다는 것은 사물을 대했을 때, 그것이 어떤 결과를 가져올지를 예측하는 기준을 배우는 작업이기도 하다.

예측의 기준은 충족에 있다. 즉 어떤 사물을 충분히 파악할 수 있어야 한다. 또한 그 충족의 기준은 마음공부가 충만한 성인이다. 성인은 사물의 이치를 모두 꿰뚫은 사람이다. 최고지도자인 임금은 세상의 제도를 모두 마련한 사람이다. 이 두 가지를 모두 추구하는 성인이자 최고지도자인 성왕은 이 세상에서 가장 모범적인 인간이 될 수 있다. 마음공부의 완결판이라 할 수 있다!

마음공부를 하는 사람은 성왕을 스승으로 삼고, 성왕의 제도를 법칙으로 삼아, 그 법칙을 법도로 받들면서 그 강령을 추구하고 그 사람을 본받기에 힘쓴다. 성왕의 길을 향해 힘쓰는 것이 선비이고, 성왕의 길에 유사하게 접근한 사람이 군자이며, 그 성왕의 길을 잘 알고 있는 사람이 성인이다. 정도의 차이는 있으나 이들은 모두 마음공부의 달인들이다.

지혜가 있다 하더라도 성왕의 길을 생각하지 않고 행동하면, 그는 남의 것을 빼앗는 자다. 용기가 있다 하더라도 성왕의 길을 지키지 않고 행동한다면, 그는 남을 해치는 자다. 잘 살피는 사람이라 하더라도 성왕의 길을 분별해 행동하지 않는다면, 그는 남의 것을 가로채는 자다. 능력이 많다 하더라도 성왕의 길을 생각해 깨끗하게 행동하지 않는다면, 그는 거짓된 꾀나 부리는 자다. 말을 잘한다 하더라도 성왕의 길을 바탕으로 말하지 않는다면, 그는 수다나 떠는 자에 불과하다.

《순자》〈해폐〉를 살펴보자.

세상에는 두 가지 할 일이 있다. 하나는 사람들이 그르다고 할 때 옳은 것이 없는가를 살피는 일이다. 다른 하나는 사람들이 옳다고 할 때 그른 것이 없는가를 살피는 일이다.

[天下有二, 非察是, 是察非.]

옳고 그름을 분별하는 일을 비난하고, 굽고 곧은 것을 다스리는 것을 비난하며, 다스려지고 어지러워짐을 분별하는 것을 비난하고, 사람의 길을 다스리는 일을 비난한다면, 일할 능력이 있다 하더라도 사람들에게 아무런 도움이 되지 않는다. 오히려 손해를 입힐 뿐이다. 그런 사람은 괴상한 이론을 늘어놓고 기이한 말로 장난을 치면서 세상을 혼란에 빠뜨리기만 할 것이다. 그런 사람은 억지로 욕심을 추구하고 입만 놀리면서 후안무치하고, 부정을 저지르고 멋대로 행동하며, 망령된 이론으로 이익만 추구하고, 예절을 존중할 줄 모르며, 서로 밀어 쓰러뜨리기만을 좋아한다.

문제는 세상에 이처럼 마음공부가 채 되지 않은 채 허튼 이론을 펴는 자들이 너무 많다는 점이다. 옛날부터 마음공부를 제대로 한 사람은 이런 인간들을 천박하게 여겨왔다.

올바른 길을 예측하는 마음이 없으면 일을 성취하는 데 아무런 도움도, 이익도 되지 않는다. 때문에 그런 것은 멀리하고 버릴 수 있어야만 마음공부에 방해가 되지 않는다. 마음공부에 몰두하는 사람은 그러한 허튼 이론에 흔들리지 말고, 예측하는 마음을 길러 때에 알맞게 움직여야 한다. 그리하여 다스려지고 어지러워지는 것과 가능하고 가능하지 않은 것을 분명히 밝혀야만 한다.

제4장

한비자,
상대의 단점은 덮고
장점은 드러나게 하라

마음을 사로잡는 유세의 원칙

우리에게 한비자는 제자백가 중에서 법가(法家)의 상징으로 알려져 있다. 사마천은 한비자를 학문의 측면에서 노자에 근원한다고 보고, 노자와 장자, 신불해(申不害) 등과 함께 《사기》〈노자한비열전〉에서 다루었다. 그러나 그에 대한 평가는 냉혹했다. 사마천은 당시 수많은 유세객 중 그 누구보다도 한비자가 유세에 탁월했던 점은 충분히 인정했다. 그래서 《사기열전》에 유세를 다룬 〈세난(世難)〉을 다시 자세하게 기록해놓기도 했다.

하지만 한비자의 학문은 한계가 분명했다. 줄을 그어 놓은 것처럼 반듯하게 법규를 만들어 세상의 일을 결단하고, 옳고 그름을 분명하게 했으나, 너무나 각박했다. 한마디로 말하면 너무나 딱딱해 인간미가 없다.

한비는 한나라 사람으로 형명과 법술을 좋아했는데, 이런 그의 학문은 황로사상을 바탕으로 한다. 한비는 태어날 때부터 말을 더듬었기에, 유세를 하는 데 능통하지 못했다. 대신 글을 잘 지었다. 한비는 그 유명한 이사와 함께 순자를 스승으로 섬겼다.

한비는 자신의 고국인 한나라가 날로 쇠약해져가는 모습을 보고 한나라 왕 한안에게 여러 차례 글을 올려 간언했다. 하지만 한나라 왕은 그를 등용하지 않았다. 그러자 한비는 한나라 왕이 나라를 다스리는데, 법과 제도를 바로 세워 부국강병과 인재등용에 힘쓰지 않고, 쓸모없는 소인배 유학자들을 공로와 실적이 있는 사람들보다 높은 자리에 등용하는 것을 보고 통탄했다.

한비는 유학자들은 글로 나라의 법을 혼란스럽게 하고, 협객들은 힘으로 나라의 금령을 어긴다고 생각했다. 군주의 모습을 보니, 나라가 안정되어 있을 때는 이름 있는 유학자를 옆에 끼고 있고, 위급할 때는 갑옷 입고 투구 쓴 무사를 등용한다. 그러므로 지금 이 나라에서 녹봉을 주어 기르는 자는 위급할 때는 정작 쓸 수 없는 자이고, 위급할 때 쓰이는 자는 평소에 녹봉을 주어 기른 자가 아니라고 생각했다.

이처럼 한비는 청렴하고 정직한 인물들이 사악한 신하들 때문에 쓰이지 못하는 것을 슬퍼하고, 옛날 왕들이 시행한 정치의 성공과 실패 사례에 관한 변천 과정을 살펴《한비자》를 지었다. 한비는 최고지도자인 군주를 유세한다는 것이 얼마나 어려운 일인지, 유세의 어려움을 알고 〈세난〉 편을 매우 자세하게 지었다. 그럼에도 불구하고 자신은 결국 진나라에서 죽었다. 이론적으로는 유세의 달인이었으나 정작 자신은 그 위험에서 벗어나지 못했던 것이다.

시대정신을 고민하던 한비자는 진지하게 고민했다. 어떻게 하면 정치지도자들을 설득하여 올바른 나라를 건설하는 데 이바지할 수 있을까? 그것은 유세에서 장점이 비롯된다. 한비는 말을 제대로 하지 못했던 까닭에 난관에 봉착했다. 고뇌에 찬 그의 시선은 마음공부의 절정이라고 볼 수 있는 유세론에 집중되었다. 한비자의 유세론은 다음과 같이 요약할 수 있다.

유세를 하는 것은 정말 어렵다. 단순하게 나의 지식으로 상대방을 설득시키기가 어렵다는 것이 아니다. 내 말솜씨로 뜻을 분명히 밝히기가 어렵다는 것도 아니다. 또 감히 내가 해야 할 말을 자유롭게 모두 하는 것이 어렵다는 것도 아니다. 유세의 어려움은 유세의 상대인 군주라는 최고지도자의 마음을 잘 파악하여 내 주장을 그 마음에 꼭 들어맞게 하는 데 있다.

상대방은 높은 명성을 얻고자 한다. 그런데 큰 이익을 얻도록 설득한다면 어떻게 되겠는가? 식견이 낮은 속된 사람이라고 가볍게 여기며 멀리할 것이다. 이와 반대로 상대방이 큰 이익을 얻으려고 하는데 높은 명성을 얻도록 설득한다면, 상식이 없고 세상 이치에 어둡다고 받아들이지 않을 것이다.

상대방이 속으로는 큰 이익을 바라면서 겉으로는 높은 명성을 원할 때, 높은 명성을 얻는 방법으로 설득한다면 겉으로는 받아들이는 척하겠지만 속으로는 멀리할 것이다. 큰 이익을 얻는 방법으로 설득한다면 속으로는 의견을 받아들이면서도 겉으로는 멀리할 것이다. 유세하는 사람은 이런 점을 잘 새겨야 한다.

유세에서 중요한 것은 상대방의 장점을 잘 드러나도록 아름답게 꾸며주고 단점을 조용히 덮을 줄 알아야 한다. 상대방이 자신의 계책을 지혜로운 것으로 여긴다면 지나간 잘못을 들추어 그를 궁지로 몰아서는 안 된다. 자신의 결정을 용감한 것이라고 여기면 굳이 반대 의견을 내세워 화를 내게 해서는 안 된다. 상대방이 자신의 능력을 과장하더라도 그 일의 어려움을 들어 가로막아서는 안 된다.

유세하는 사람은 군주가 꾸미는 일과 같은 계책을 가진 자가 있으면 그 사람을 칭찬하고, 군주와 같은 행위를 하는 자가 있으면 그 사람을 칭찬해주어야 한다. 군주와 같은 실패를 한 사람이 있으면 그것은 실패한 것이 아니라며 두둔해주고, 군주와 같은 실수를 한 자가 있으면 그것이 잘못한 일이 아니었음을 설명하고 덮어주어야 한다. 군주가 유세자의 충성스러운 마음에 반감을 가지지 않고 주장을 내치지 않을 때, 비로소 유세자는 그 지혜와 언변을 마음껏 펼칠 수 있다. 이것이 군주에게 신임을 얻고 의심받지 않으며 자신이 아는 바를 모두 말할 수 있는 방법이다.

이런 방식으로 오랜 시일이 지난 후 군주의 총애가 깊어지면, 큰 계책을 올려도 의심받지 않고 군주와 서로 다툴 정도로 말하더라도 벌을 받지 않을 것이다. 그때 유세하는 자가 국가의 이익과 손해를 명백히 따져 군주가 공적을 이룰 수 있게 하고, 옳고 그름을 솔직하게 지적해주면, 영화를 얻게 된다. 이러한 관계가 이어지면 유세는 성공한 것이다.

유세하는 자가 군주에게 총애를 받을 때는 그 지혜가 군주의 마음에 든다고 하여 더욱 친밀해지고, 군주에게 미움을 받을 때는 그 말이 도리어 해를 끼치고 죄를 짓는 꼴이 되어 더욱 멀어진다. 따라서 군주에게 간언하고 유세하는 자는 군주가 자기를 사랑하는지 미워하는지를 먼저 살펴본 다음에 유세해야 한다.

용은 잘 길들여 가지고 놀 수도 있고 그 등에 탈 수도 있다. 그러나 목덜미 아래에 거꾸로 난 한 자 길이의 비늘이 있는데, 이것을 건드린 사람은 용이 죽인다고 한다. 이른바 역린(逆鱗)이다. 군주에게도 거꾸로 난 비늘이 있으니 유세하는 사람이 군주의 거꾸로 난 비늘을 건드리지 않아야 성공한 유세에 가깝다.

한비자의 마음공부는 이런 유세의 길을 인식하고, 법치의 바른 길을 구현하는 과정에서 엿볼 수 있다. 특히 최고지도자인 군주에게 필요한 마음공부가 무엇인지, 어떻게 세상을 이해하고 사람을 다스려야 하는지에 대한 숙제를 던져준다.

현명한 지도자는 자신의 의사를 드러내지 않는다

한비자가 유세의 길을 가면서, 상대방을 설득하는 방법을 고민하다 깨달은 첫 번째 화두는 길에 대한 고민이었다. 특히 지도자의 길, 최고의 인간, 그 길은 어디에 있는가? 그것은 《한비자》〈주도(主道)〉에 자세하게 드러나 있다. 마음공부는 바로 최고의 인간으로서 길을 파악하고 그 길에 마음을 쏟는 데서 시작된다.

길이라고 하는 것은 모든 사물이 제각기 지니고 있는 사물의 시초다. 자신의 길이 없는 사물은 없다.

[道者, 萬物之始, 是非之紀也. 令令名自命也, 令事自定也.]

인간도 마찬가지다. 모든 사물은 길이 하나다. 이것은 노자가 한 말에서 기원한다. 모든 사물이 스스로 자연의 길을 세우듯이, 최고지도자인 군주도 그러한 길을 깨우쳐야 한다. 단순히 정치를 해나가는 것뿐 아니라 많은 사람을 지도해야 하는 막중한 책임, 그 길을 깨우쳐야 한다. 때문에 최고지도자로서 자연의 길을 잘 파악해 인간의 길을 제대로 세워야만 한다.

길을 잘 파악해 분간할 수 있으면, 옳고 그른 일, 착하고 나쁜 것을 명백히 구별할 수 있다. 그 길에 적합한 것은 장려해야 하고, 그 길에 어긋나는 것은 배척해야만 한다. 착하고 나쁜 것을 구별하는 일은 인간의 올바른 길을 근본으로 세우는 것이다. 현명한 지도자는 길을 지켜야 한다. 길을 지킴으로써 모든 사물의 근원을 알고, 기준을 마련해 인간의 길에서 착하고 나쁜 것의 단서를 알 수 있다.

그리하여 지도자는 마음을 비우고 차분하게 사람을 마주할 수 있게 된다. 사람들이 스스로 자기 할 일을 말하게 하고 그 책임을 깨닫게 하여 일이 자연스럽게 진행되기를 기다린다. 마음을 비우면 상대의 마음을 알게 되고, 차분하게 하면 상대의 움직임이 옳은지 그른지를 판단할 수 있다. 자기 할 일을 말하려는 사람에게 스스로 말하게 하고, 일하려고 하는 사람에게 스스로 일하도록 분위기를 만들어준다. 이렇게 언행이 일치하게 되면 지도자는 억지로 시키거나 하는 일 없이 가만히 있어도, 모든 일이 저절로 그 실제 모습을 드러내는 법이다.

때문에 지도자는 자신이 바라는 것을 쉽게 드러내서는 안 된다. 이렇게 하고 싶다든지, 이런 것을 좋아한다든지 하는 마음을 사람들에게 알려서는 안 되는 것이다. 지도자가 자신이 바라는 것을 드러내고, 자신이 좋아하고 싫어하는 것을 밝히면, 사람들은 있는 그대로를 말하지 않고 지도자의 마음에 영합하도록 꾸미게 된다. 이렇게 되면 성심성의껏 그 직분을 다하려는 사람이 없게 된다.

또 지도자는 자신의 의사를 함부로 말해서도 안 된다. 처음에는 여러 의견을 귀담아들어야 한다. 모두의 의견을 듣고 최선의 것을 실행하게 하면, 아랫사람은 좋은 의견이 반드시 채택된다는 것을 알게 되므로 함부로 말하지 않고 신중하게 생각하여 의견을 내놓게 된다. 지도자가 자신의 의사를 쉽게 말해버리면, 사람들은 지도자의 뜻에 반대하는 것은 불리하다고 생각하여, 그 뜻에 영합한 것만을 보여주게 된다. 따라서 지도자는 '좋다, 싫다'라는 말은 하지 말고, 단지 여러 사람의 의견을 구하되, 좋은 점이 있으면 반드시 이를 채택한다는 마음가짐으로 나아가야 한다. 그렇게 하면 사람들은 참된 마음을 드러내게 된다.

이처럼 지도자가 좋아하는 것도 버리고 싫어하는 것도 버릴 때, 사람들은 비로소 그가 지닌 마음의 전부를 보여주게 된다. 또 지도자가 교묘함도 버리고 지혜도 버릴 때, 사람들은 지도자의 마음을 알 길이 없어 스스로를 경계하게 된다. 그렇기 때문에 지도자에게 지혜가 있다 하더라도 홀로 계획을 세우지 않고 사람들에게 스스로 제 직분을 알게 한다. 현명하다 하더라도 과시하지 않고 사람들이 행하는 것을 본다. 용기가 있다 하더라도 그것을 나타내지 않고 사람들에게 그 용기를 발휘하게 해야 한다.

이렇듯 지도자가 지혜를 버리면 사람들의 실제 모습을 관찰할 수 있는 총명함을 얻게 되고, 현명함을 버리면 사람들이 저마다 힘써 노력하게 되므로 성과를 얻게 된다. 용기를 버리면 사람들이 저마다 용기를 발휘하게 되므로 국가가 강대해진다. 이럴 때 모든 사람들은 자신의 직책을 지키고 직분을 다하며, 능력에 따라 일하게 된다. 이는 정해진 삶의 양식으로 영원히 지켜나가야 할 길이다.

지도자는 아무 하는 일이 없는 듯 자리해야 한다. 사람 위에 군림하는 높은 지위에 있다는 태도를 나타내지 않고 아랫사람의 의견을 자유롭게 채용해야 한다. 그래야만 그 지위를 보전할 수 있다. 현명한 지도자는 위에서 하는 일이 없음에도 불구하고 아래에 있는 여러 사람들이 그 마음을 알 수가 없어 겁내고 두려워 한다. 현명한 지도자는 여러 사람 가운데 지혜로운 사람에게 그 지혜를 모두 짜내도록 한다. 그런 다음 일을 결단하기 때문에 지도자의 지혜에 막힘이 없다. 또 여러 사람 가운데 현명한 사람에게 그 재능을 모두 발휘하게 한다. 그런 다음에 그것에 따라 등용하기 때문에 지도자의 재능에 막힘이 없다.

성과가 있으면 지도자가 그 공로를 차지하고, 잘못이 있으면 사람들이 그 죄를 책임진다. 그러므로 지도자의 명예는 손상되는 법이 없다. 따라서 현명하지 않으면서도 윗자리에 서고, 지혜롭지 않으면서도 윗자리에 서게 된다. 사람들이 애써서 일하면 최고의 인간으로 지도자는 그 성과를 차지하고 사람들은 이를 지도자의 덕이며 힘이라고 우러러본다. 이것이 지도자의 자연스런 길이다.

—
타인의 가치를 아는 것이 곧 자신의 결점을 보완하는 길이다
—

지도자의 길은 마음을 차분하게 하여 사람을 마주하는 데 있었다. 그런데 정작 자신은 무엇을 통해 자기 마음을 들여다볼 것인가?《한비자》〈관행(觀行)〉에 그 해답이 보인다.

사람은 남의 얼굴을 볼 수 있지만 자신의 얼굴은 볼 수 없다. 때문에 거울
이라는 것을 만들어 그것으로 얼굴을 비춰본다. 사람은 지혜가 있어 그것
으로 남을 평가할 수는 있다. 하지만 자기를 잘 알 수는 없다. 때문에 마음
공부를 통해 자신의 길을 확인하고 자기를 바르게 파악하려고 한다.

[之人, 目短於自見, 故以鏡觀面. 智短於自知, 故以道正己.]

거울에 얼굴을 비춰보고 얼굴에 흉터가 있다는 것을 알았다 하더
라도 거울에 죄가 있는 것은 아니다. 마찬가지로 옛 성현의 길에 비춰
보고 자기의 잘못을 알았다 하더라도 그 길을 원망할 수는 없다. 눈은
있어도 거울이 없다면 수염이나 눈썹을 바로 다듬을 수가 없다. 마찬
가지로 자기의 언행이 길을 잃게 되면 어떠한 잘못이 있어도 이것을
알 수가 없다.

성미가 대단히 급한 사람이 있었다. 그는 그 성질을 고치려고 언제
나 부드러운 가죽끈을 허리에 차고 그것을 보면서 마음을 누그러뜨
렸다. 이와 반대로 지나치게 마음이 느긋한 사람이 있었다. 그런 성격
탓에 그는 일을 단호하게 처리하지 못했다. 이에 그는 언제나 활시위
를 차고 다니면서 스스로 마음을 긴장시키려고 했다. 그러므로 여유
있는 것으로 부족한 곳을 보충하고, 장점으로 단점을 보충하는 사람
을 현명한 사람이라고 한다.

이 세상에 움직일 수 없는 세 가지 이치를 한비자는《한비자》〈관
행〉에서 다음과 같이 말했다.

첫째, 자신의 지혜만으로 해결하지 못하는 일

둘째, 자기 혼자의 힘만으로 들어 올릴 수 없는 일

셋째, 장수의 기상만으로 남을 이길 수 없는 일

[天下有信數三. 一曰, 智有所不能立, 二曰, 力有所不能擧, 三曰, 彊有所不能勝.]

그러므로 요임금과 같은 지혜가 있다 하더라도 많은 사람의 도움
이 없이는 큰 공을 세울 수 없다. 오획(烏獲)과 같은 천하장사라 하더
라도 남의 도움 없이는 제 몸을 들어 올릴 수 없다. 맹분(孟賁)이나 하
육(夏育)과 같은 용사라 하더라도 나라가 바른 법에 의해 다스려지지
않고서는 언제까지나 승리만 할 수는 없는 것이다.

때문에 세력이 있어도 세력만으로는 성취하지 못하는 일이 있고, 일
의 성질상 이룰 수 없는 일이 있다. 그래서 오획은 1,000균의 물건을 거
뜬히 들어 올리는 장사였지만 제 몸은 가볍게 다루지 못했는데, 이것
은 그의 몸이 1,000균보다 무거워서가 아니라 자세가 들기에 불편했기
때문이다. 또한 이주는 시력이 매우 좋아서 백 보나 떨어진 곳에 있는
것도 쉽게 볼 수 있었지만 제 눈썹은 볼 수 없었다. 이것은 백 보는 가
깝고 눈썹은 멀어서가 아니라 이치상 불가능했기 때문이다.

이런 이유들 때문에 현명한 사람은 자기 몸을 들어 올리지 못한다

고 하여 책망하지 않으며, 제 눈썹을 보지 못한다고 하여 비난하지 않는다. 대신 그 능력을 발휘하기에 알맞은 지위를 주었기 때문에, 사람들이 적은 노력으로 큰 공을 세우는 것이다.

창고는 가득 찰 때도 있고 텅 빌 때도 있다. 일에는 이로운 것도 있고 해로운 것도 있다. 생물에는 나는 것도 있고 죽는 것도 있다. 이와 같은 것들이 모두 내 뜻대로 되는 법은 아니다. 사람들이 이상의 세 가지 때문에, 희로애락의 기색을 나타낸다면 금석처럼 절개가 굳은 사람일지라도 마음은 사람들에게서 떠나고 만다.

그러므로 현명한 사람은 타인의 가치를 잘 파악하되, 자신은 감추고 나타내지 않아야 한다. 요임금도 혼자서는 세상의 현명한 지도자가 될 수 없었고, 오획도 제 몸을 들 수 없었으며, 맹분이나 하육과 같은 용사도 혼자 힘으로는 승리할 수 없었다.

마음공부를 통해 이런 세상의 이치를 분명히 파악할 때, 사람들의 실력을 바르게 알 수 있고, 그것을 잘 활용할 방법을 터득하게 된다.

–
직분에 맞는 길을 직시하라
–

세상의 이치를 파악하고 자신을 이해하며 마음을 점검했다. 그러나 아직도 길은 분명하지 않다. 최고의 인간으로서 자신의 마음이 자신의 직분을 제대로 향하지 않았기 때문이다. 한비자는 그런 마음의 지향을 분명하게 지적한다.《한비자》〈주도(主道)〉에서는 다시 자신의 길을 진정으로 점검하기를 다독거린다.

　사람이 가야할 마음의 길은 눈에 띄지 않으므로 볼 수가 없다. 그 작용은 미묘하여 알 수가 없다. 그 길을 터득한 지도자는 마음을 비우고 일이 진행되는 상황을 차분하게 관망하는 가운데, 아무 일도 하지 않으면서 마치 암실에서 밖을 바라보듯 사람들의 결점을 찾아낸다. 보고도 보았다 하지 않고, 듣고도 들었다 하지 않으며, 알아도 안다고 말하지 않는다. 가슴 속에 간직해둔 채 사람들의 말과 실제 결과를 비교하고 검토하여 그것이 일치하는가를 살핀다.

　지도자가 필요에 의해 특별히 총애하는 한 사람에게 나라의 기밀을 말했을 경우, 그가 그것을 다른 사람에게 누설하지 못하도록 다짐을 받아두어야 한다. 그렇지 않으면 나라의 모든 사정이 거울에 비쳐지듯 명백하게 드러날 수 있다. 지도자가 자기 행적의 발자취를 덮어버리면 사람들은 그 근원을 찾아 내지 못한다. 지도자가 그 지혜와 재능을 버리면 사람들은 지도자의 의중을 헤아리지 못한다.

　지도자는 사람들의 말이 어떠한지 그 실정을 파악하고 그대로 진행시킨다는 방침을 견지하며, 사람들의 언행을 비교하고 참조하여 권력을 장악한 후, 결코 타인에게 빌려주지 않는다. 그리하여 지도자의 세력을 침범하려는 사람들의 야망을 끊고 지도자의 뜻을 헤아리려는 사람들의 뜻을 깨뜨려 사람들이 권력을 지향하지 못하도록 해야 한다. 위에 있는 사람이 방심할 때, 아래에 있는 자 가운데 비밀리에 그 세력을 기르고 지도자를 밀어내려는 자가 나타나게 마련이다. 지금 말한 대로만 한다면 지도자를 대신하여 국정을 좌지우지하려는 자는 없어질 것이다.

이 금기를 지키지 않고, 지도자의 눈과 귀가 가려져 있으면, 문단속을 엄중히 하지 않는 것과 마찬가지다. 간사한 무리들은 호랑이가 되어 그 허점을 노리고 침입할 것이다. 그러므로 지도자는 매일 마음공부를 통해 행위를 삼가야 한다. 그렇지 않으면 도적과 같은 간사한 무리가 발생하여 그 지도자를 시해하고 그 자리를 빼앗게 된다. 그리하여 모든 사람이 간사한 무리들을 편들고 그에 동조하게 될 것이다. 간사한 무리들을 호랑이에 비유하는 것은 지도자를 죽이고 대신 그 지위를 차지하며, 사람들이 그를 두려워하여 복종하게 되기 때문이다. 또 사람들을 도둑에 비유하는 것은 지도자의 곁에 있으면서 간사한 무리들을 위하여 지도자의 과실을 살피기 때문이나.

간사한 무리를 해산시키고 간사한 무리들을 편들지 않는 자를 수용한 뒤에 간사한 무리들이 침범할 수 있는 문을 닫고 그들을 보좌하는 자가 나오지 않도록 해야, 나라에 호랑이와 같은 자들이 없어질 것이다. 지도자의 의중이 커서 아래에서 헤아릴 수 없고, 깊어서 측량할 수가 없도록 한 뒤에 수시로 사람들의 말과 그 실적을 맞추어 보고, 법을 어기고 제멋대로 행하는 자를 엄벌한다면, 나라에 도둑이 없어질 것이다.

때문에 지도자에게는 나라를 다스리는 데 장애가 되는 다섯 가지가 있다.

첫째, 사람들이 지도자의 눈과 귀를 가려서 듣지도 보지도 못하게 하는
것, 둘째, 사람들이 나라의 재정을 좌지우지 하는 것, 셋째, 지도자의 승인
없이 사람들이 제멋대로 명령하고 일하는 것, 넷째, 사람들이 이유 없이
개인적으로 은혜를 베푸는 것, 다섯째, 사람들이 파당을 만드는 것이다.

[人主有五壅. 臣閉其主曰壅. 臣制財利曰壅. 臣擅行令曰壅. 臣得行義曰壅. 臣得樹
人曰壅.]

사람들이 지도자의 눈과 귀를 가리면 지도자는 나라 사정을 알 수
없게 된다. 있음에도 불구하고 없는 듯하다. 사람들이 나라의 재정을
좌지우지하여 지배하면 지도자는 사람들에게 덕을 잃게 된다. 사람
들이 함부로 명령을 내려 일을 하게 되면 아무도 지도자를 두려워하
지 않게 되므로 그 위엄을 잃는다. 사람들이 제멋대로 은혜를 베풀면
지도자는 명성을 잃게 된다. 사람들이 파당을 만들면 지도자는 세력
을 잃어 고립되고 말 것이니, 지도자는 이름만 있을 뿐 실제로는 아무
것도 할 수 없게 된다. 이상 다섯 가지는 지도자가 홀로 가야할 길이
지, 일반 사람들이 제멋대로 가는 길이 결코 아니다.

지도자의 길은 자기의 재능과 힘을 표면에 드러내지 않고, 좋아하
고 싫어함을 말하지 않는 것을 보배로 여긴다. 지도자는 스스로 나랏
일을 행하지 않고 사람들에게 그 일의 교묘함과 졸렬함을 살피게 한

다. 스스로 생각하거나 계획하지 않고 사람들에게 그 결과의 성공과 실패를 간파하도록 해야 한다. 그리하여 지도자가 말하지 않아도 잘 호응하여 일이 실행되고, 약속하지 않아도 일이 점점 진척되어 사업이 번창하는 것이다. 사람들이 건의한 것을 그대로 실행하되, 말과 실적이 일치할 경우에는 이를 포상하고, 실적과 말이 다를 경우에는 이를 처벌한다. 이와 같이 현명한 지도자는 사람들이 제안한 것에 대해 반드시 말과 성과가 일치되도록 한다.

때문에 현명한 지도자가 상을 주는 모습은 마른 땅에 단비가 내리는 것과 같아서, 아래에 있는 자는 모두가 그 은혜를 느낄 수 있다. 벌을 주는 모습은 그 두렵기가 벼락과 같아서, 그 어떤 훌륭한 사람이 변명을 한다 하더라도 그 노여움을 풀 수가 없다. 그러므로 현명한 지도자는 함부로 상을 주지 않으며, 일단 벌을 주기로 결정한 이상 죄를 용서하는 일이 없다.

성과가 없는 자가 상을 받는 일이 있게 되면 정작 공을 세운 사람은 보람이 없으므로 그 일을 게을리하게 마련이다. 또 벌을 주어야 할 자를 용서할 경우, 간사한 무리들은 그것을 이용하여 부정을 저지를 것이다. 성과가 있다면 아무리 천한 자라도, 또 평소 지도자와 친분이 없는 자라 할지라도 반드시 그에게 상을 주어야 하며, 또 잘못이 있다면 지도자와 가깝고 총애하는 자일지라도 반드시 처벌해야 한다.

이와 같이 상벌을 분명히 하여 가깝고 총애하는 자라 할지라도 죄에 관한한 벌을 준다면 지도자와 친분이 없고 비천한 자의 경우 열심히 일할 것이며, 측근인 자는 교만하지 않을 것이다.

대체를 보고 조화를 터득하라

이렇듯 한비자의 마음공부의 핵심은 정치로 향한다. 정치를 세상의 비뚤어진 사안을 바로잡는 일로 본다면, 그것은 최고지도자가 어떤 마음으로 사람들을 삶을 바로잡느냐의 문제와 상통한다. 최고지도자뿐 아니라 일반 사람들이 자신의 마음을 바로잡고 건전한 삶을 지속하도록 하는 문제로 확장된다. 《한비자》〈대체(大體)〉에 그 모습이 엿보인다.

현명한 지도자는 대체(大體)를 보는 데 힘을 기울인다. 대체를 본다는 것은 자연을 바라보고 바다나 강이 흐르고 있는 모양을 관찰하며, 산이나 계곡의 모양을 살피는 일이다. 자연의 모습을 스스로 알기 위해서다. 해와 달은 언제나 빛나고, 봄-여름-가을-겨울의 사계절은 끊임없이 순환하고 있으며, 구름이 덮이면 바람은 움직이는 것이다.

[古之全大體者, 望天地, 觀江海, 因山谷. 日月所照, 四時所行, 雲布風動.]

이와 같이 자연의 현상은 스스로 조화를 이루고 있다. 현명한 지도자는 지혜를 써서 마음을 더럽히지 않았다. 사리를 추구하여 몸을 더럽히지 않았다. 법규에 의해 나라의 어지러움을 다스리고, 상벌에 의해 옳고 그름을 판별했다. 저울을 써서 물건이 무거운지 가벼운지 분명하게 했다. 그리하여 자연의 법칙에 역행하지 않고 사람의 본성을 상하게 하지도 않았다. 하나의 터럭을 붙여 남의 작은 흠을 찾으려 하지 않았고, 묵은 때를 벗겨 알기 힘든 상처를 발견하려고 하지 않았다.

일을 처리할 때는, 목수가 나무를 자를 때 먹줄로 표시해놓은 바깥으로 잘라도 안 되고 안으로 잘라서도 안 되는 것과 같이, 법칙에 지나치거나 모자라게 처리하지 않았다. 또 정해진 법규에 지나치게 벌하지도 않았고 관대하게 처분하지도 않았다. 이미 정해진 도리를 지켜 자연의 도리에 따르고 있었을 뿐이다. 바르게 잘 다스려지는 나라의 경우, 인간의 행복과 불행은 도리와 법률에 합당한가 그렇지 못한가에 따라 정해졌다. 지도자가 사랑하고 미워하는 사사로운 마음으로 처리되는 일은 없었다.

사람이 영예롭게 되느냐 치욕을 당하느냐 하는 책임은 자기 자신에게 있지 남에게 있지는 않다. 때문에 평화로운 세상에서 법규는 아침 이슬처럼 사람들의 마음을 흐뭇하게 한다. 사람의 마음은 순박하여 서로 원한을 갖는 일이 없고, 그들의 입에서는 번거로운 말이 새어나오지 않는다.

세상이 잘 다스려지면 전쟁이 일어날 리가 없다. 전차가 먼 길을 달려 지치는 일도 없고, 군대의 깃발이 서로 어지러이 싸움터에서 펄럭여야 할 일도 없다. 사람들이 전투 때문에 생명을 잃는 일도 없고, 무공이 뛰어난 자가 깃발 밑에서 싸우다가 다치는 일도 없다. 영웅호걸이 전쟁의 공로로 후세에까지 책에 이름을 남기는 일도 없고, 그림으로 묘사되어 후세에 전해지는 일도 없다. 기념 첩을 쓸 것이 없어 백지로 남겨지게 되는 것이다. 그래서 '간략한 것보다 좋은 이익이 없고, 평안함보다 더 오래가는 행복은 없다!'라고 한 것이다.

장석에게 1,000년을 살게 하여 곡선을 재는 곱자를 잡고 원형이나 마름쇠를 다루는 그림쇠를 보며 먹줄을 다루어서 태산을 바로잡게 하고, 맹분이나 아육에게 간장의 명검을 차고 그 위력으로 모든 사람을 똑같은 인간으로 만들게 한다면, 그들이 어떤 노력을 한다 하더라도 태산을 바로잡을 수 없고 모든 사람을 똑같이 만들 수도 없으리라.

그러므로 옛날 세상을 제대로 다스린 지도자는 장석에게 기술을 모두 발휘하여 태산의 모습을 바로잡도록 하지 않았고, 맹분이나 하육에게 그 위력을 내세워 모든 사람의 본성을 손상시키게 하지 않았다.

진정으로 세상 사람을 바르게 하기 위해서는 법에 의하는 도리밖에 없다. 이렇게 해야 마음공부를 제대로 한 군자가 즐길 수 있고, 간사함이 없어지며, 세상은 한가하고 고요하여, 자연의 법칙에 순응하며 대체를 지킬 것이다. 이와 같이 지도자의 마음이 공부가 제대로 되어 확고할 때, 사람들이 법규를 어기어 죄를 짓는 일이 없고, 물고기가 물을 잃는 것과 같은 재난이 없다. 이러한 상태가 되면 이 세상은 다스려지지 않을 리가 없다.

위에 있는 사람의 덕이 하늘과 같이 크지 않으면 아래에 있는 사람을 골고루 덮어줄 수가 없다. 대지와 같은 마음이 되지 않으면 만물을 모두 실을 수가 없다. 태산은 좋아하고 싫어하는 것이 없기 때문에 흙과 바위의 좋고 나쁨을 가리지 않고 모두 받아들여 우뚝 솟아 있다. 강과 바다는 작은 시냇물도 버리지 않았기 때문에 저토록 풍부해진 것이다.

이처럼 마음공부로 가득 채운 대인은 자연의 위대함을 터득하여 모든 사물을 갖추고, 마음을 태산과 바다처럼 갖는다. 그러한 자가 지도자가 되면 나라는 번영한다. 지도자에게는 성냄으로써 생기는 해독이 없고, 사람들에게는 위에 있는 사람에게 숨은 원한을 품을 염려가 없다. 위와 아래가 서로 소박하게 대하며, 각자의 길을 자신이 안주하는 집으로 여긴다. 때문에 국가에 길이 남을 이익이 쌓이고 큰 공이 세워지며, 명성이 빛나고 덕망은 후세에까지 전해진다. 이것이 바로 마음공부를 통해, 지도자가 나라를 디스리는 최고의 모습이다.

제5장

관자,
마음을 비움은
감춤이 없는 것이다

주관적인 것보다 객관적인 것을 먼저 충족하라

관포지교(管鮑之交)라는 유명한 고사가 있다. 관자는 이 고사의 주인 공인 관중을 말한다. 관중은 춘추시대 영상 유역 출신이다. 그의 생존 연대는 정확하게 규명하기 어렵다. 기록에 의하면, 기원전 658년 주나라 장왕 12년에 제나라 환공의 재상이 되어 40년 동안 활약하다, 기원전 645년 주나라 양왕 7년에 죽었다고 한다. 이런 사실로 미루어볼 때, 기원전 725년에서 기원전 645년경에 생존했던 인물로 추측된다. 유교의 공자나 도가의 노자보다 100여 년 정도 앞서 살았던 인물이다.

관중이 살았던 춘추시대는 주나라 초기 사회 체제 유지의 핵심인 봉건주의나 도덕주의가 무너지던 시기였다. 난세가 고조되던 시대로 일종의 변혁기였다. 당시 정치지도자들이나 사상가들의 대부분은 '어떤 방법으로 이 난세를 다스릴 것인가?, 진정 새로운 질서를 재편할 수 있을까?'에 골몰했다. 관중은 이런 시기에 제나라를 최고의 국가로 끌어올린 당대 제일의 재상으로 손꼽힌다.

생존을 위한 권모술수가 난무하는 상황에서, '웬 마음공부?'라고 할지도 모르겠다. 그러나 관중을 모태로 만들어진 《관자》에는 마음공부에 대한 진지한 성찰이 담겨 있다. 관중은 정사를 행할 때, 화가 될 일도 시대 상황을 잘 이용하여 복으로 바꾸었고, 실패하게 될 일도 잘 처리하여 성공하게 만들었으며, 일의 경중을 잘 헤아리고 득실을 저울질하는 데 신중했다. 그것은 관념적인 것을 지양하고 보다 실제적인 것으로 질서 유지의 방법을 모색한 것이다. 때문에 정치, 경제, 법률, 군사 등 현실적이고 구체적인 방책을 통해 질서 회복을 꾀했다. 그것은 《관자》의 첫 편인 〈목민〉에서 다음과 같은 유명한 구절로 나타난다.

창고가 차 있어야 예절을 알고, 먹을 것과 입을 것이 풍족해야 영욕을 안다. 지도층이 먼저 법도를 지켜야 집안이 평안하고, 국가의 기강이 정돈되어야 나라가 멸망하지 않는다!

이런 인식은 예절을 중시하며 내면적 삶의 질서를 주요한 가치로 여기던 당시의 사고방식에 충격을 안겨주었다. 인간 삶의 질서는 건전한 덕성의 확보 차원에서 그치는 것이 아니라, 정치적, 경제적 측면에서의 현실 세계, 즉 삶의 요구가 충족되어야 제대로 지켜진다는 새로운 사유다. 그것은 관념적이고 내면적이며, 주관적인 것보다 실제적이고 외면적이며 객관적인 것들이 충족되어야 삶의 도덕 질서와 세상의 규율이 확립된다는 생각이다. 여기에서《관자》의 현실주의 사상을 엿볼 수 있다.

첫 머리에서 언급했듯이, 관중은 '관포지교' 고사로 우리에게 아주 익숙하게 다가와 있다. 그러나 그만큼 우리는《관자》의 사상 자체를 쉽게 인식하지 못하고 있었다.《관자》가 현실주의적 사고를 발휘하는 데는 그가 출생한 지역인 영상의 상황과 연관된다. 당시 영상은 상업도시였다. 때문에 산술적 계산이나 수요 공급의 문제, 재화의 운용 법칙과 같은 경제적 측면의 사유가 발달했다. 그런 분위기는 관중이 뛰어난 경세사상가로 성장하는 데 일조했다고 판단된다.

관중은 상업도시의 유통 경제를 바탕으로 교역의 증대를 통해 부를 축적하고, 그것을 토대로 강력한 군대를 만들어 부강한 나라를 건설할 수 있다고 주장했다. 즉 정치, 군사, 경제, 법제, 과학기술, 교육 등 개혁을 주장하고 실천하면서 강력한 현실주의를 낳았다. 그것은 백성이 무엇을 좋아하고 싫어하는지 파악하고 그것을 거역하지 않는 슬기를 발휘하면서 진행되었다. 그러한 그의 지혜는 환공을 통해 천하를 통일할 수 있는 밑거름으로 작용했다.

관중은 유교에서 언급하는 인의(仁義)와 같은 도덕적 측면은 상대

적으로 부족했다. 그러나 환공을 도와 제후를 지도하고 평화를 유지
시키는 공을 세웠다. 그것은 백성들을 오랑캐로부터 보호하여 중국
문화를 보전할 수 있는 기틀을 마련하는 계기가 되었다.

후대 사람들은 관중이 현실과 실제를 중시했기 때문에, 그를 법가
나 도가 계열의 사상가로 분류하기도 한다. 중국 문화의 양대 산맥을
이루는 유가나 도가의 시조인 공자나 노자는 모두 관자보다 100여
년 뒤의 사람이다. 따라서 그를 도가, 혹은 법가로 이해하려는 후대
사람들의 분류는 오해의 소지가 있다. 관중을 어떤 사상가로 분류하
기보다는, 오히려 제자백가의 사상을 《관자》에서 찾을 필요가 있다.
즉 관중의 사유를 근간으로 하는 《관자》는 유가나 도가, 법가와 같이
일정한 경향의 사유에 치우치기보다는, 중국 고대의 뛰어난 철학이
자 정치, 법률, 군사, 경제, 교육 등 다양한 사상이 복합적으로 얽혀 있
는 사유의 집결체 역할을 한다. 그만큼 그의 사고는 비옥하다.

그렇다면 그의 현실주의, 부국강병은 어떤 마음공부에서 비롯되었
을까?

–
신뢰하는 마음, 사람을 알아보는 혜안
–

관자의 마음공부를 고민하면서, 그들에게 숨겨진 은밀한 인간의
길을 보지 않을 수 없다. 우리에게 너무나 익숙한 관포지교 고사. 이

는 관중과 포숙의 사귐에 얽힌 이야기로, 우정의 상징으로 우리에게 다가온다. 왜 그들의 관계를 친구 사이에 형성될 수 있는 최고의 경지로 묘사하는 것일까? 고사를 잘 살펴보면, 그들 사이가 단순히 평소에 신의가 있고, 일상생활에서 재미있게 잘 지냈기 때문이 아님을 알 수 있다. 사실 우정의 요건, 그 핵심은 다른 데 있었다. 사마천은 《사기》 〈관안열전〉에서 그들의 얘기를 구체적으로 적고 있다. 주요 내용을 간추려서 다시 읽어보자.

첫 번째 일화는 장사할 때의 사연이다. 관중과 포숙은 어렸을 때부터 사귄 죽마고우였고, 젊은 시절 둘은 함께 장사를 했다. 그런데 언제나 이익금을 관중이 많이 챙겨갔다. 주변 사람들은 관중을 의리 없는 녀석이라고 욕을 했다. 하지만 포숙은 관중에게 화내지 않았다. 오히려 관중을 변호했다.

"관중은 가난하다. 딸린 식구도 많다. 절대 욕심이 많아 그런 것이 아니다!"

두 번째 이야기는 전쟁에 나갔을 때의 일이다. 당시 중국은 힘으로 패권을 좌지우지되던 전쟁의 시기, 이른바 춘추시대였다. 관중과 포숙도 예외는 아니어서 함께 전쟁터에 불려나갔다. 전투는 한창 치열한데, 관중은 언제나 대열의 후미에서 자기 몸 가누기에 바빴다. 그러다 싸움이 끝나면 맨 앞에서 걸어오곤 했다. 얼마나 비열하게 보였을까. 전투에 참가했던 사람들이 관중을 겁쟁이 같은 녀석이라고 욕을 해댔다. 그때마다 포숙은 동료들을 향해 소리쳤다.

"관중은 절대 비겁하거나 용기가 없어서 그런 것이 아니다. 그는 늙은 어머니를 모시고 있다. 몸을 아껴 어머니에게 효도하려는 갸륵한 마음이 그에게 있다. 당신들이 이런 상황이라면 어떻게 했을 것 같은가!"

세 번째 얘기는 관중과 포숙이 서로 다른 정파에 속해 있을 때 이야기다. 목숨이 왔다 갔다 하는 상황이었다. 관중과 포숙은 어른이 되어 둘 다 높은 관직에 올랐다. 말하자면, 정치가로 성공해서 요직에 있었던 것이다. 한치 앞을 예측하기 힘든 혼란한 시기인지라, 각자 삶의 기준에 따라 행동했다. 그런데 관중은 왕위 쟁탈 과정에서 반역의 무리가 되었다. 왕위를 차지하려는 인물에 대해, 원칙에 어긋난다는 이유로 그를 죽이려 했다. 그러나 그는 죽지 않고 왕(제환공)이 되었고, 관중은 그 앞에 끌려 왔다. 곧 죽을 목숨이 된 것이다.

이때 포숙은 그 왕의 측근이었다. 얼마나 난감했겠는가? 하지만 포숙은 왕에게 관중을 죽이라고 말하지 않는다. 오히려 재상에 앉히라고 권고한다. 왕이 죽이려 한 인물을 재상에 앉히라니? 목숨을 내놓은 행위나 다름없었다. 간곡한 권고 끝에 왕도 포숙을 믿는 터라 관중을 재상에 앉혔다.

이어 더 위대한 일이 벌어진다. 포숙은 조용히 관중 밑에서 벼슬했던 것이다. 이유는 간단하다. 포숙이 그렇게 행위한 것은 흔히 생각하는 친구 사이의 사적인 감정 때문이 아니었다. 포숙은 오랜 사귐의 경험으로 현실적인 국정 수행 능력이 자기보다 뛰어나다는 관중의 재능을 인정했다. 마음과 마음 사이의 밀어로 타인에 대한 진실한 배려와 진정한 이해가 실천되는 순간이었다.

자, 두 사람의 이야기를 읽으며 어떤 생각이 드는가? 특히 포숙의 행동을 보면서 어떤 생각이 드는가? 포숙은 언제나 관중을 이해하고 변호했으며, 관중은 현실을 파악하고 그에 잘 적응했다. 그래서인지 중국 역사에서 관중은 현실 개혁적 인물로 존경받고 있다. 특히, 춘추시대 초기 제나라를 가장 힘 있는 나라로 만든 장본인이기 때문에 더욱 그러하다. 그러나 사마천은 "세상 사람들은 관중의 뛰어난 재능과 경륜보다도 포숙의 사람 알아보는 혜안을 더 높이 샀다"라고 하며, 포숙을 좀더 높이 평가했다. 동시에 공자의 '소인, 혹은 작은 그릇'이라는 논평을 보류하고, 관중을 어진 참모, 훌륭한 정치 역량을 지닌 인물로 평가했다.

-

유혹당하지 말고, 억눌리지 말라

-

마음공부에 관한 관자의 견해는 《관자》〈심술(心術)〉에 집중되어 있다. 그것은 몸에서 마음이 어떻게 자리매김하는지 확인할 수 있다.

몸에서 심장은 임금의 자리와 같다. 눈, 코, 귀, 입 등 아홉 개의 구멍은 각
   각의 관직과 같다. 마음이 그 길을 제대로 가면 아홉 개의 구멍은 제 각기

순리에 따라가게 된다. 하지만 욕심으로 가득차면 눈으로는 색을 보지 못하고 귀로는 소리를 듣지 못한다. 그러므로 윗사람이 그 길을 떠나면 아랫사람이 그 직분을 잃는다. 달리는 말을 대신해 내달려서 그 말이 지닌 달리는 힘을 없애지 말고, 나는 새를 대신해 날아서 그 새가 지닌 나는 능력을 없애지 말아야 한다. 사물에 앞서 움직이지 말고, 차분하게 그 규칙을 살펴야 한다는 뜻이다. 함부로 나대면 지위를 잃게 되고, 고요하게 자리 잡으면 가만히 있어도 저절로 얻을 수 있다.

사람의 길은 멀리 있지 않지만 도달하기 어렵다. 사람과 함께 머물러 있지만 터득하기 어렵다. 욕심을 비우면 나도 모르는 사이에 들어와 자리 잡는다[道, 不遠而難極也. 與人並處而難得也. 虛其欲, 神將入舍].

그런데 깨끗하지 못한 마음을 말끔히 씻어야만 그 길이 제대로 보인다. 사람은 모두 지혜롭고자 한다. 그러나 어떤 사람도 지혜로울 수 있는 길을 잘 찾지 못한다. 마음공부를 제대로 한 바른 사람은 그것을 찾을 수 없다는 것을 안다. 때문에 텅 비어 있는 허무의 집에 처한다.

마음의 길은 텅 비어 있고 형체가 없다. 그래도 모든 사물을 길러내며 무언가를 만든다[虛無無形謂之道, 化育萬物謂之德].

인간 사회에는 부모 자식 사이, 귀하고 천한 신분, 높고 낮은 등급, 친하고 먼 관계 등 다양한 형태의 예의가 있다. 사물과 사물 사이, 작은 일과 큰일의 처리 방식 등 원칙에 따라야 하는 법도도 있다.

큰 길은 살기 편안하고 적응하기 쉽지만 설명하기는 어렵다. 바른 사람의 말은 한쪽으로 치우치지 않는다. 입으로 내뱉을 수도 없고, 색으로 드러내보일 수도 없으니, 세상 사람들이 그 법칙을 어떻게 알 수 있겠는가!

하늘은 뻥 뚫려 있고 땅은 차분하게 자리하고 있으므로 둘 사이에 뒤틀림이 없다. 그 천지우주의 집을 청결히 하고, 그 문을 열어 사사로운 욕심을 버리고 부질없는 말을 하지 않을 때, 마음이 맑아지는 듯하다. 복잡하게 얽힌 일도 차분하게 처신하면 저절로 다스려진다. 강한 것으로 모든 것을 완성할 수 있는 것은 아니다. 지혜를 지녔다고 모든 일을 완벽하게 도모할 수 있는 것도 아니다. 사물은 본디 형태가 있고 형태는 본디 이름이 있으니 명분이 실제와 부합할 때, 마음공부가 온전하게 된 성인이라 할 수 있다.

마음공부가 잘된 사람은 좋아하는 것에 유혹당하지 않고, 싫어하는 것에 억눌리지 않으며, 차분하게 마음을 가라앉히고 허위를 버린다. 어떤 사물에 호응하는 것은 이미 설정되어 있는 것이 아니고, 사물에 따라 움직이는 것은 선택에 의한 것이 아니다. 잘못은 스스로를 과시하는 데서 나오고, 죄는 제멋대로 바꾸는 데서 나온다. 마음공부의 길은 거처함에 무지한 듯하고, 호응함에 부합한 듯이 한다. 이는 차분하게 자연의 길을 따르는 것과 같다.

마음에 욕심이 있는 사람은 사물이 지나가도 눈에 보이지 않고 소리가 들려와도 귀에 들리지 않는다. 때문에 욕심으로 채우지 말고 비워야 한다. 비움은 감춤이 없는 것이다. 지혜를 통해 채웠던 것을 비우게 되면, 무엇을 따라 구할 것이 있겠는가? 감춤이 없는데 무엇을 설정할 것이 있겠는가? 구하는 것도 없고 설정하는 것도 없으면 생각할 것이 없다. 생각할 것이 없으면 비우는 데로 돌아가게 된다.

마음은 지혜의 집이다. 그 집을 깨끗하게 하는 것이 바로 욕심을 버리는 것이다. 마음공부는 바로 욕심으로 찬 지혜의 집을 비우고 차분하게 유지하는 작업이다.

사사로운 마음은 세상을 어지럽힌다

《관자》〈심술〉 하편의 구절을 다시 살펴보자.

겉모습이 바르지 않은 사람은 덕이 쌓이지 않는다. 속에 정성이 없는 사람은 마음이 다스려지지 않는다. 겉모습을 바르게 하고 덕을 쌓으면 모든 일이 순조롭다.

[形不正者, 德不來. 中不精者, 心不治. 正形飾德, 萬物畢得.]

새가 자연스럽게 창공을 날아오르듯이, 덕을 쌓은 사람은 자연스럽게 세상을 제대로 알고 통달한다. 외부의 사물이 감각기관을 어지럽히지 않도록 하고, 감각기관이 마음을 어지럽히지 않도록 하는 것이 안으로 덕을 쌓는 일이다.

이렇게 의기(意氣)가 안정된 후에야 행위가 단정하게 돌아온다. 의기는 몸에 힘을 채우는 작업이고, 행위는 일을 하면서 올바름을 드러내는 것이다. 몸에 힘을 채우는 작업이 제대로 되지 않으면 마음이 외부의 사물과 잘 들어맞지 않는다. 행위가 올바르지 않으면 사람들이 순종하지 않는다. 때문에 마음공부가 온전하게 된 사람은 하늘과 같아서 사사로이 덮지 않고, 땅과 같아서 사사로이 실음도 없다.

　사사롭게 처리하는 것은 이 세상을 어지럽히는 짓이다. 사물이 그에 상응하는 명칭에 부합하고, 그에 의거하여 재단하면 세상이 다스려진다. 정해진 명칭이 실제 사물과 어긋나지 않고, 세상에 혼란을 조성하지 않으면 세상은 다스려진다.

　뜻이 뒤섞이지 않고, 마음이 한결같으며, 귀와 눈이 단정하면, 멀리 떨어진 것도 미루어 알 수 있다. 그렇다면 어떻게 뜻이 섞이지 않을 수 있는가? 어떻게 마음이 한결같을 수 있는가? 어떻게 점을 치지 않고도 길흉을 알 수 있는가? 어떻게 다른 사람에게 묻지 않고도 세상일에 대해 스스로 터득할 수 있는가?

　마음으로 깊이 생각하라. 깊이 생각하면 답을 얻을 수 있다. 이는 귀신의 힘이 아니라 정성의 의기가 다가온 것이다.

　의기(意氣)를 오로지 하여 마음을 변화시키는 것은 정성이고, 하나의 일을 오로지 하여 변화를 일으키는 것은 지혜. 널리 구하고 면밀하게 검토하는 것이 사물의 등급을 나누는 방법이다. 변화를 끝까지 지켜보는 것이 사물의 변화에 대응하는 방법이다. 널리 구하고 면밀히 검토하여 혼란에 빠지지 않고, 변화를 끝까지 지켜보아서 번거로움에 빠지지 않는다. 마음이 지향하는 것을 오로지 하는 사람은 실수가 없다. 모든 사물이 해와 달을 벗하는 것과 같다.

이렇게 마음공부가 된 사람은 모든 사물을 재단하지 않고, 사물에 휘둘리지 않는다. 지도자가 마음을 텅 비우고 차분히 하면 나라가 안정된다. 즉 지도자의 마음이 다스려져야 나라가 다스려지는 것이다. 마음을 다스리는 것은 내면에 있고, 말을 다스리는 것은 입에 있으며, 정치로 나라를 다스리는 것은 사람들에게 은혜를 베푸는 데 있다. 즉 다스리는 것도 마음공부에 있고, 안정시키는 것도 마음공부에 있다.

마음을 바르게 하고 차분하게 할 수 있는 사람은 갈비뼈가 굳세고 뼈대가 강건하다. 바름과 차분함을 잃지 않으면 날로 그 덕을 새롭게 하고, 세상을 밝게 알며, 사방에 대해 통달한다. 정성스러운 마음 가운데 있는 것은 숨길 수 없다. 겉모습에 드러나므로 낯빛을 보고 알 수 있다.

[人能正靜者, 筋肋而骨强, 能戴大圓者, 體乎大方, 鏡大淸者, 視乎大明. 正靜不失, 日新其德, 昭知天下, 通于四極. 金, 心在中不可匿外見于形容, 可知于顏色.]

착한 기운으로 사람을 마주하는 것이 형제자매와 같이 친밀하고, 나쁜 기운으로 사람을 마주하는 것이 창칼을 마주하는 것보다 해롭다. 말없는 말이 우레와 북소리가 울리는 것처럼 빠르게 소문난다. 정성스러운 마음은 해와 달보다 밝게 빛난다. 옛날에 정성스러운 마음으로 마음공부를 한 현명한 지도자가 세상 사람들을 사랑했으므로 세상 모든 사람들이 그 지도자에게 귀의했다. 폭군이 세상 사람들을 미워했으므로 세상 사람들이 이반했다. 재물만으로는 사랑을 표현하기에 충분하지 못하고, 형벌만으로는 미워하기에 충분하지 않다. 재물은 사랑을 표현하는 조그마한 수단이고, 형벌은 미움을 표현하는 조그마한 수단이다. 핵심은 정성스런 마음, 마음공부이다.

사람의 성품은 바르고 공평하다[民之生也, 必以正平]. 그런 성품을 잃는 까닭은 세상일에 대해 지나치게 즐거워하고 노여워하기 때문이다. 노여움을 절제하는 데는 음악만한 것이 없고, 음악을 절제하는 데는 예의만한 것이 없고, 예의를 지키는 데는 공경만한 것이 없다.

밖으로는 공경하고 안으로는 차분하게 행동하는 사람은 반드시 그 성품을 회복한다. 세상에 어찌 이익 되는 일이 없겠는가? 어찌 편안한 곳이 없겠는가?

마음 가운데 또 마음이 있다. 뜻은 말보다 앞선다. 뜻이 있은 다음에 마음이 구체적으로 드러나고, 마음이 구체적으로 드러난 다음에 사고가 이루어지고, 사고가 있은 다음에 앎이 생긴다. 그런데 앎이 지나치면 성품을 잃는다. 그러므로 정기를 안으로 모아라. 그것이 마음의 샘을 이룬다. 샘이 고갈되지 않아야 안과 밖이 소통한다. 샘이 마르지 않아야 우리 몸이 견고해진다.

근심하면 조리를 잃고, 노여워하면 두서를 잃는다

사람의 생명력은 정신과 육체의 융합이다. 이 둘의 융화가 화해의 장에서 만나면 생명력을 지니고, 그렇지 못하면 생명력을 잃는다. 화해의 길은 가슴 속을 차분하게, 마음을 충만하게 하는 일이다. 분노하여 절도를 잃으면 생명력을 지닐 수 없다. 그것은 죽음으로의 전락이다. 이처럼 마음의 상황과 그 공부 방법을 고민한 것이 《관자》〈내업(內業)〉의 기록이다.

모든 사물은 스스로 지니고 있는 정기를 합쳐서 생기를 표출한다.

[凡物之精, 此則爲生.]

땅에서는 온갖 곡식과 초목, 짐승들이 살고, 하늘에서 온갖 별들이 수를 놓고 있다. 이런 하늘과 땅 사이에 떠돌아다니는 것도 있다. 지도자의 인격을 갖춘 존재라면, 가슴 속에 이런 천지우주의 법칙을 담고 있으리라!

모든 사물이 지닌 정기는 밝아서 하늘에 오른 것과도 같고, 어두워서 심연으로 빠져드는 것과도 같으며, 아득하여 바다를 표류하는 것과도 같고, 홀연히 자신에게 있는 것과도 같다. 그러기에 이런 정기는 힘으로 멈추게 할 수는 없어도 덕으로 안정시킬 수는 있으며, 소리쳐부를 수는 없어도 마음의 뜻으로 맞이할 수는 있다. 경건함을 지켜 잃지 말라! 그래야 지도자로서의 덕을 이루었다고 할 수 있다. 덕을 이루어야 지혜가 나오고 모든 사물을 얻을 수 있다.

마음의 모습은 어떠한가? 저절로 충실하다. 저절로 찬다. 저절로 낳는다. 저절로 이룬다. 그런데 마음을 잃는 것은 반드시 근심이나 즐거움, 기쁨, 노여움, 욕심, 이기심과 같은 욕망 때문이다. 이런 것들을 없애려면 마음을 차분하게 해야 한다.
[凡心之刑, 自充自盈, 自生自成. 其所以失之, 必以憂樂喜怒欲利. 能去憂樂喜怒欲利, 心乃反濟.]

그러기에 평정심을 유지해야 하는 것이다. 마음은 편안해야 이로운 특징을 지닌다. 어지럽지 않고 차분해야만 마음은 자신의 모습을 저절로 이룰 수 있다.

하늘은 바름을 그 특성으로 하고, 땅은 고름을 그 특성으로 하며, 사람은 편안함을 추구한다. 봄, 여름, 가을, 겨울, 사계절은 하늘이 때에 맞춰 내리는 명령이고, 산이나 언덕, 내, 골짜기는 땅이 지닌 기본 바탕이다. 기쁨과 노여움, 가지려는 마음과 베푸는 행동 등은 인간이 꾀하는 일이다. 그러므로 지도자는 상황에 잘 따르지만 근본을 변화시키지는 않고 사물을 따르지만 함부로 옮겨 다니지는 않는다. 마음이 정해져 중심을 잡고 있으면 귀와 눈이 밝아지고 팔 다리가 견고해

지니, 정기가 머무는 곳이라 할 수 있다. 정기는 사람의 길을 얻어야 생명력을 지닐 수 있고, 생명력을 얻어야 생각할 수 있고, 생각하면 앎을 얻을 수 있고, 알게 되면 착한 일을 할 수 있다. 그러나 앎이 지나치면 오히려 마음은 생명력을 잃게 된다.

하나의 사물이 다른 사물과 반응하여 변화하는 것을 보면 신비스럽다. 한 가지 일에 반응하여 변하는 것을 보면 지혜롭다. 변화하되 정기는 바뀌지 않고 변하되 지혜는 바뀌지 않으니, 오직 핵심을 파악한 지도자만이 이를 해낼 수 있다. 핵심을 파악하고 잃지 않으면 모든 사물을 제대로 다룰 수 있다. 지도자가 모든 사물을 응용하고, 그것이 하나라는 이치를 터득하면, 마음은 저절로 편안해진다. 그것이 조직을 다스리는 기초다.

인간이 가야할 올바른 길은 세상 곳곳에 널리 퍼져 있다. 흔히 사람들의 일상생활 속에 있음에도 불구하고 사람들은 그것을 알지 못한다. 위로는 하늘에 이르고 아래로는 땅에 미쳐 온 세상에 널리 퍼져 있다. 어떻게 그것을 이해할 수 있는가?

그것은 마음이 편안할 때 파악할 수 있다. 내 마음이 다스려지면 감각기관이 다스려지고, 내 마음이 편안하면 감각기관이 편안해진다. 다스려지는 것도 마음이고 편안해지는 것도 마음이다. 마음은 가슴 속에 숨어 있고, 마음 가운데 또 마음이 있다. 저 마음의 마음은 먼저 소리로 말한다.

[在于心安. 我心治, 官乃治, 我心安, 官乃安. 治之者心也, 安之者心也. 心在藏心, 心

之中又有心焉. 彼心之心, 音以先言.]

소리가 있고 난 뒤에 형체가 있다. 형체가 있고 난 뒤에 말이 있다. 말이 있은 후에 부림이 있고, 부림이 있은 후에 다스림이 있다. 다스려지지 않으면 마음이 반드시 어지러워진다. 마음이 어지럽게 되면 그 사람은 스스로 죽음으로 전락한다.

정기가 보존되면 저절로 생기가 돈다. 생기는 몸에서 빛난다. 이것을 마음에 감추고 근원으로 삼으면 광대하고 평화로워져서 정기의 근원이 된다. 이 근원은 마르지 않는다. 때문에 육체가 강건해진다. 안으로 미혹된 뜻이 없으므로 밖으로 해로움이 없다. 안에서 온전한 것은 마음이요, 밖으로 온전한 것은 몸이다. 자연 재해를 만나지 않으면 사람을 해치는 일도 없다. 사람의 마음이 바르고 고요해지면, 몸도 넉넉하고 관대해지고, 귀와 눈이 총명해지며, 근육이 펴지고 뼈가 강해진다. 이런 정도가 되면, 저 높은 하늘을 이고 저 넓은 땅을 밟으며, 자신을 허공에 비추어보고, 해와 달에서 자기를 본다.

경건하여 잘못되는 일이 없고 날로 자신의 인격을 새롭게 하여 세상과 공동체 조직에 영향을 미칠 수 있다. 경건하게 몸에 가득 채운 정기를 펼칠 때, 내면의 마음으로 깨달았다고 한다. 그러한 마음에서 성찰할 때, 개인이나 조직의 생명력이 충만해지는 법이다.

몸이 바르게 되어야 혈기가 차분해진다. 한 뜻으로 마음을 잡아야 귀와 눈이 다른 곳을 넘보지 않는다. 깊은 생각은 지혜를 낳는다.

[四體旣正, 血氣旣靜, 一意摶心, 耳目不淫, 雖遠若近. 思索生知.]

게으르고 경솔한 행동은 근심을 낳는다. 포악하고 오만한 행위는 원망을 낳는다. 우울한 삶은 병을 낳고, 이런 병이 오래 되면 죽음에 직면할 수 있다. 사념을 버리지 않아 안으로는 괴롭고 밖으로 궁색하면, 오래지 않아 병이 들게 마련이다. 그러면 생기가 몸에서 떠나고 말 것이다. 먹는 것을 배부르게 하지 말라. 사념을 적절하게 하라. 절제하고 조절하라. 생기는 저절로 회복될 것이다.

사람의 생명력은 차분함으로 지속할 필요가 있다. 그것을 잃는 까닭은 반드시 기쁨과 노여움, 근심과 걱정을 두기 때문이다. 노여움을 그치는 데는 시보다 좋은 것이 없고, 근심을 없애는 데는 음악보다 좋은 것이 없으며, 즐거움을 조절하는 데는 예의보다 좋은 것이 없고, 예의를 지키는 데는 공경함보다 좋은 것이 없으며, 공경함을 지키는 데는 마음의 평온보다 좋은 것이 없다. 안으로 고요하고 밖으로 공경하면, 마음을 회복할 수 있고 평온을 지속할 수 있다.

지나치게 배부르게 먹지 말라. 몸을 손상시킬 수 있다. 지나치게 굶주리지 말라. 뼈가 마르고 피가 말라 야위게 된다. 배부르게 먹거나 지나치게 굶주리는 행위를 조절하라. 그래야 몸의 조화가 이루어지고 정기가 의지하는 곳이 있게 되고, 지혜가 샘솟아 날 수 있다.

굶주리거나 배부름으로 절도를 잃으면 죽음에 이르기 쉽다. 배부르면 즐겁게 움직이고, 굶주리면 생각을 못하게 되고 늙으면 오랫동안 헤아리게 된다. 배부른 데도 즐겁지 않으면 기가 사지에 통하지 않은 것이다. 굶주렸는데 생각을 하게 되고, 배부른데도 움직이지 않고, 늙어서 오랫동안 헤아리지 못하게 되면, 마침내 피곤해져서 이내 생기를 다하게 된다.

넓은 마음이 막히고 너그러운 기운이 펴지면 그 몸이 안정되어 다른 곳으로 옮겨가지 않게 된다. 온갖 잡다한 일을 버린다면, 이익을 보고 유혹되지 않고, 해를 보아도 두려워하지 않으며, 너그러움이 천천히 펼쳐져서 사랑이 가득하게 된다.

사람의 생명력은 반드시 사람이 느끼는 그 기쁨으로 유지된다.

[凡人之生也, 必以其歡.]

근심하면 조리를 잃고, 노여워하면 두서를 잃는다. 근심하고 슬픔하고 기뻐하고 노여워하는 마음에는 올바른 인간의 길이 열리지 않는다. 애욕을 가라앉히고, 간사하고 어지러운 마음을 바르게 하여, 끌어내지도 말고 좇아가지도 말아야 복이 저절로 돌아온다. 인간이 염원하는 올바른 길은 평온한 마음에 저절로 당도한다. 때문에 차분하면 얻고 조급하면 잃는다. 참된 인간의 길을 얻은 사람은 나쁜 기운이 피부를 통과하여 증발하고 털구멍을 통과하여 빠져나가기 때문에 가슴 속에 나쁜 기운이 없게 된다. 욕심을 조절할 줄 아는 인간의 마음에 어찌 욕망이 끼어들겠는가!

쓸데없는 말이 없게, 쓸데없는 가리킴이 없게 하라

다른 사람의 말이 좋더라도 듣지 말고, 싫더라도 또한 듣지 말라. 칭찬이건 비방이건 평정심을 잃지 않고, 좋고 싫음의 양면을 지나치게 따지지 말아야 마음이 저절로 맑아진다. 과대하게 성공을 포장하여 말하지 않는지 잘 살펴서 검증하라. 말 잘하는 사람의 꾸민 말을 듣지 말라. 마음공부에 충실하면 좋음과 싫음, 아름다움과 추함은 저절로 드러난다. 이처럼 지도자는 어떤 상황이건 개의치 않고 마음을 비운다. 욕심을 부리지 않는다. 단지 상황에 맞게 자신을 거둘 뿐이다. 《관자》〈백심(白心)〉에는 욕심 없이 마음을 비우는 마음공부의 방법과 지도자의 내면적 자세를 기록하고 있다.

일정한 규율을 세워서 조직의 질서를 확립하라. 욕심을 버리고 마음을 비워 차분하게 하는 것을 근본을 삼으라. 상황에 맞게 적절하게 실천하는 것을 보배를 삼으라.

[建當立有, 以靖爲宗, 以時爲寶].

그렇게 구성원 간에 서로 화합하면 조직은 끊임없이 번영하며 지속력을 지닌다. 정해진 규율이 아니면 이롭더라도 행하지 않고, 길이 아니면 이롭더라도 취하지 않는다. 가장 좋은 것은 자연의 법칙을 모방하여 응용하는 일이고, 그 다음은 조직 구성원들 마음을 따르는 일이다. 구성원들이 서로 합의하여 만들지 않으면 화합이 이루어지지 않고, 지도자가 먼저 시작하지 않으면 구성원들이 따르지 않는다. 지도자가 원칙을 제대로 이행할 때, 그의 말을 신뢰하고 그의 행동을 따른다.

우주자연의 법칙은 어떤 사물이건 관계없이 그것의 성장을 돕는다. 마찬가지로 훌륭한 지도자는 구성원 한 사람 한 사람을 돕는다. 자연은 스스로 순환하고 운행하여 만물에 이익을 주고, 훌륭한 지도자 역시 자신의 본분을 다하여 구성원에게 그 이익을 준다. 훌륭한 지도자의 조직 관리 운영은 자신의 본분을 다하고 차분하게 기다리는 가운데, 사업이 이루어지고 그때 명분은 저절로 선다.

명분을 바로 하면 가만히 두어도 조직이 저절로 움직이고, 명분이 없으면 조직은 무너지기 쉽다. 명분이 바르고 규율이 갖추어지면 지도자는 무사태평하다. 조직의 규율은 늘 독차지하거나 마음대로 폐기할 수 있는 것이 아니다. 시대의 변화에 따라 일을 판단하고 시기를 조절하여 일을 처리해야 한다. 변화의 폭이 큰 것은 큰 틀에서 보아야 하고, 폭이 작은 것은 실제 움직임에서 볼 필요가 있다. 조직 운영상 어떤 것은 남고 어떤 것은 부족하다.

다툼의 발생 원인이 다른 사람이나 다른 조직에 있다고 하지 말라!

다른 사람이나 다른 조직이 침입하는 것은 자신이 이미 침입의 원인을 제공했기 때문이다. 다툼에서 지느냐 승리하느냐는 다른 사람이나 다른 조직의 활동 여하에 달려 있다. 그러나 그 승리 여부를 평가하는 것은 오직 자신에게 달렸다. 강한 힘을 지녔지만 교만한 사람은 그 강한 힘을 손상한다. 연약한데도 교만한 사람은 망함을 재촉한다. 강한 힘을 지녔으면서도 겸손하고 정의로우면 그 강한 힘을 펼 수 있다. 연약하지만 겸손하고 정의로우면 재앙에서 벗어날 수 있다.

지도자가 리더십을 지니는 것은 큰 북을 치는 것에 비유할 수 있다. 북과 같이 스스로 요동할 수 없는 것은 요동시켜야 한다. 왜냐하면 자연의 법칙은 육안으로 보아도 쉽게 보지 못하고 귀로 들어도 쉽게 듣지 못하고, 우주에 가득하여도 그 충만함을 보지 못하기 때문이다. 그것이 안색에 모이고 살갗에 닿으며 왔다 갔다 하여도 그 운행의 시기를 아는 이가 없다.

온갖 사물이 사방에 널려 있어도 하늘은 무궁무진하게 허공으로 향해 있어 우주의 문을 열 수 없다. 그러므로 자연의 법칙, 우주는 입으로 하면 소리가 나오고, 귀로 하면 듣게 되며, 눈으로 하면 볼 수 있고, 손으로 하면 가리킬 수 있으며, 발로 하면 밟을 수 있다. 이처럼 자연의 법칙은 사물에 의지하여 인식할 수 있는 것이다. 지도자의 리더십 발휘도 이와 유사하다. 훌륭한 지도자는 입에 쓸데없는 말이 없고, 손에 쓸데없는 가리킴이 없다. 단지 사물에 따라 설명할 뿐이다. 이름이 있고 직접 느껴지고 보이는 것은 논의할 수 있는 것이다. 이름이 없고 직접 느껴지거나 보이지 않는 것은 논의할 수 없는 것이다. 그러나 최고의 리더십이 발휘될 때는 이런 상황조차도 뛰어넘는다.

일에는 적합함이 있다. 그런데 적합하지 않음을 느껴보아야 비로소 적합함을 인식한다. 좋은 일을 행할 때는 드러내지 말라. 나쁜 일을 행하면 벌을 받게 된다. 좋은 일과 나쁜 일은 구성원에게 신뢰를 줄 수 있느냐 없느냐의 중대한 문제다.

이쪽으로 할까? 저쪽으로 할까? 오직 가운데, 올바름으로 하라! 올바름의 길은 해와 달의 운행처럼 그침이 없는 듯하다. 곧은 말을 하는 지도자는 세상의 변화, 조직의 사업으로 크게 근심하지 않는다. 열심히 노력하는 사람은 세상 사물을 다 차지해도 만족하지 않는다. 누가 열심히 노력하는 사람을 버리고 곧은 말을 하는 지도자라고 할 수 있겠는가?

조직의 법도나 규율은 지도자가 마음대로 말할 수 있는 것이 아니다. 반드시 조직 구성원들과 함께 의논하여 제정하고 시행해야 한다. 억지로 더하거나 줄이는 것이 없어야 갈등의 소지가 줄어든다. 지혜가 어찌 지혜로우며, 도모함이 어찌 도모함이 되는가? 구성원들의 처지를 살펴서 규율을 제정하고 시행하는 지도자에게는 구성원들이 알아서 찾아온다. 스스로 살피고 다른 사람의 상황을 이해하면 성공한다. 사람들의 상황을 이해하면 옳은 방향을 찾아 나아갈 수 있기에 조직 관리나 운영에 체계가 잡힌다. 지도자의 내면, 곧 마음의 견고함이 한결같으면 그 조직은 오래갈 수 있다. 구성원들과 토론하여 조직 운영을 하면 어떤 조직보다도 부유하고 강한 지도자가 될 수 있다.

지도자는 우주자연의 법칙을 살펴서 조직 경영에 응용하고, 세상 돌아가는 이치를 살펴서 시대 상황을 읽고, 조직의 사업을 번창시켜야 한다. 자식이 부모를 대신할 수 있는가! 참모가 지도자를 대신할 수 있는가!

지도자가 지위만을 지키려고 한다면 위태롭게 된다. 이름이 세상에 가득하기만 한 것은 차라리 그 이름을 폐기하는 것만 못하다. 이름이 높아지면 몸을 낮추어라. 그것이 세상을 살아가는 이치다. 이미 번성한 조직의 책임을 맡지 말라! 번성한 집안에는 딸을 시집보내지 말라! 교만하고 포악한 사람과 함께 사귀지 말라!

공동체 조직의 지도자는 자신만의 길이 있다. 그 길은 크기가 하늘과 같고, 넓기가 땅과 같으며, 무겁기는 돌과 같고, 가볍기는 깃털과 같다. 구성원들과 늘 함께하지만 그것을 아는 구성원은 적다. 길은 가까이 있는데 어찌하여 시행하는 자가 없는가? 어찌하여 가까운 것을 버리고 먼 곳으로 나가 힘을 소모하는가?

내 자신을 아끼려면 우선 자신의 뜻을 알아야 하고, 세상만사의 변화를 두루 살펴 몸과 마음을 고찰하라! 상황을 알아야 행하는 뜻을 알게 되고, 행하는 뜻을 알아야 성숙한 삶으로 나아갈 수 있다. 좌우 전후를 두루 살펴 나의 길이 어디에 있는지 모색하라! 인간을 예의로 대하고 정해진 규율을 실천하여 사람의 길을 경건히 맞이하라! 사람의 길을 제대로 인도하여, 함부로 옮겨가거나 넘치지 않아야 생명력이 유지된다. 화합으로 올바름을 회복해야 몸과 마음이 서로 보존된다. 한결같이 의심이 없을 때 인간의 길이 보인다.

고요히 침묵하여 화를 피하라

하늘과 땅, 이 우주는 만물을 포용한다. 즉 위로는 하늘로 통하고 아래로는 땅에 깊이 처하며, 밖으로는 다른 세계로 뻗어 나가 전체를 포괄한다. 흩어져서는 무한에 이르므로 함부로 이름 붙일 수도 없다. 너무 커서 밖이 없고 너무 작아 안이 없다. 이처럼 우주의 모습은《관자》〈주합(宙合)〉에 잘 설명되어 있다.

지도자는 이런 우주의 속성을 본받아 조직 번영에 적용해야 성공할 수 있다. 우왕좌왕하지 않는 리더십으로, 치우치지 않고 모든 구성원의 활동을 생각하며, 급변하는 시대정신을 읽고 자신을 바로 세우는 지도자. 이런 리더는 우주의 흐름처럼 꿋꿋하며 함부로 주저앉지 않는다. 지도자는 명령을 내리고 구성원들은 맡은 일에 힘쓴다. 지도자가 내린 명령이 독선적이거나 엉뚱하지 않고 실제 일에서도 잘 이루어졌다면, 조직의 중간 관리자나 구성원들은 제각기 맡은 일을 힘써 행할 것이다. 그렇게 되면 조직이 원하는 것을 얻을 수 있게 되어 재정이 탄탄해진다. 그러므로 지도자는 조직의 법과 규칙을 선포하고 개인적인 욕심을 내지 않으며, 구성원들에게 골고루 사랑을 베풀고, 특정한 사람에게 치우치지 말아야 한다. 지도자가 사랑을 베풀고 공공의식을 지니면, 그 조직에는 누구나 들어가고 싶어 할 것이다. 참모나 중간 관리자, 조직구성원들은 맡은 일에 힘쓰고, 한결같은 마음으로 충성하여 개인적 이익을 따지지 않으며, 생업을 잃지 않고 자기 이름만 빛나기를 바라서는 안 된다.

이렇게 서로가 공경하고 시기질투하지 않으면 조직 구성원들은 화합으로 업무에 종사할 것이다. 지도자가 그 직위에 맞는 본분을 잃으면 구성원 교육과 조직의 규범이 일그러지고, 교육과 규범이 일그러지면 그 조직은 혼란과 부패로 빠지기 십상이다. 지도자의 측근이나 참모가 본분을 잃으면 아래의 부서장이나 팀장을 관리하기 어렵고, 그렇게 되면 구성원들은 조직에 마음을 두지 않고 늘 자신이 속한 공동체를 떠나려고 한다. 지도자와 구성원들 각자가 맡은 직분을 잘 수행한다면, 공동체 조직은 편안해질 수 있다. 이것이 조직의 가장 아름다운 덕목이다.

조직 운영을 위해서는 조직 특성에 부합하는 일정한 규범을 갖추어야 한다. 조직의 규범은 지도자가 조직을 운영하는 원칙으로 작용한다. 중요한 것은 구성원들의 부담을 줄이고 복지를 늘여 잘사는 조직을 만드는 일이다. 사업을 번창시키되 잃지 않고, 이윤을 창출하여 구성원들에게 돌려준다.

이제 조직은 체제를 갖추었고 구성원은 조직에 기여하는 마음을 제대로 쓰는 구성원처럼 되었다. 공동체 조직의 도리를 밝혀서 구성원을 가르치고 규범을 합리적으로 제시하여 구성원이 올바른 마음을 가지고 근무하게 만드니, 이것은 곧 지도자의 책무다. 일정한 규범을 갖추었다는 것은 조직 체제가 제대로 정비되었다는 의미다. 조직 체제를 정비했다는 것은 조직이 번창했음에도 함부로 만족하지 않고, 불경기를 맞아도 함부로 위축되지 않음을 말한다.

이처럼 조직이 나름대로 잘 갖추어지고 선택적으로 잘 운영되니 구성원 모두가 고달프지 않다. 조직의 지도자가 구성원들을 잘 깨우쳐 가르쳤기 때문이다. 이에 지도자는 널리 듣고 많이 보며 조직 운영의 법칙을 함양하여 조직의 번영이 힘을 쏟아야 한다.

봄에는 새로 나온 채소를 먹고, 가을에는 잘 익은 과일을 먹으며, 여름에는 시원한 곳에 살고, 겨울에는 따뜻한 곳에 머문다. 이는 지도자가 마음 씀씀이, 손짓 발짓, 몸가짐, 행동 하나 하나가 상황에 따라 적합해야 한다는 말이다. 지도자는 상황이 맞으면 적극적으로 활동하고, 상황이 좋지 않으면 소극적으로 관망해야 한다. 때문에 옛날 지혜로운 지도자들은 속으로 뜻을 품고 함부로 겉으로 드러내지 않았다. 그러므로 말을 거두어 마음 깊이 간직한다.

현명한 사람은 어려운 시기에 자신의 뜻을 펼칠 수 없음을 잘 안다. 그러기에 속으로 품거나 겸손히 물리는 방법으로 곤란한 처지를 극복하고, 고요히 침묵하는 방식으로 화를 비껴간다. 이는 햇빛이 내리쬐는 여름날 그늘에서 쉬는 것과 같으며, 꽁꽁 얼어붙는 겨울에 따뜻한 곳을 찾는 것과 같다. 추위와 더위를 피하는 것처럼 조직의 건전한 지속을 위해 상황에 적절하게 대처하는 것이 지도자의 지혜다.

현명함은 지혜로움이고 지혜로움은 현명함이다. 조직이 번영한 이후에는 쇠락에 대비해야 하니, 현명하고 지혜로움으로 정확하고 신중한 행동을 해야 한다. 조직의 구성원들이 조금 성공했다고 상대방을 오만한 자세로 대할 경우, 실패는 이미 예견된 바와 다름없다. 때문에 지도자들은 삶의 지혜를 조직 구성원들에게 전해야 한다.

성공한 삶이라고 생각할 때는 실패를 경계하라! 그러므로 훌륭한 인격을 갖춘 사람은 저울질하되 고르게 하지 않고, 헤아리되 꽉 차지 않게 하고, 즐겁게 하되 그것에만 의지하지 않고, 생각을 지나치게 정밀하게 하지 않는다. 높은 지위에 있으면서 지혜로운 사람을 추천하고, 많은 보수를 받으면서 힘써 베풀며, 기여도가 커도 자만하지 않고, 사업이 번창해도 자랑하지 않는다. 사실 명실상부한 일을 행하기란 쉽지 않다. 때문에 일이 쉽게 단절되고, 협동하여 이루기가 어렵다. 그러므로 지혜로운 지도자는 양쪽 모두를 지킬 수 없음을 알기에, 실제적인 일 하나를 제대로 취한다. 그리고 대부분 성공하므로 편안하고 근심이 없다.

싫어하고 미워하는 것이 있을 때, 성내지 말라! 분노를 억제하면 빠르게 일을 할 수 있다. 원망해야 할 일이 있을 때, 말하지 말라! 제대로 파악하지 못했다면 도리어 그 몸을 상하게 할 수 있다. 하고자 하는 일이 있을 때, 함부로 도모하지 말라.

[毒而無怒, 怨而無言, 欲而無謀.]

일을 꾸미는데 누설될 가능성을 배제해서는 안 되며, 누설되면 재앙을 불러일으킬 수 있다. 사려 깊게 예의를 생각해야 하며, 깨어있는 듯 잠을 자야 하며, 어둠 속에서도 빛이 있는 듯해야 한다. 즉 늘 성실하고 독실하게 자신을 돌이켜 생각하라! 편안하고 묵묵히 심사숙고하라! 현명한 재주를 지닌 사람에게 의지하고 어질고 선량한 자를 등용하는 것은 세상 이치에 밝아 몽매함을 열어주는 것과 같다. 아첨하는 자를 쓰지 말라! 아첨하는 자를 쓰게 되면 개인적인 부탁이나 생각이 실현될 가능성이 높다. 아양 떠는 무리들의 말을 듣지 말라! 아양 떠는 무리들의 말을 듣게 되면 위의 지도층 인사들을 속이게 된다. 잔혹한 수단을 쓰지 말라! 잔혹한 수단을 쓰게 되면 구성원이 다친다. 거짓말하는 자를 참모로 쓰지 말라! 거짓말을 믿으면 착한 사람을 잃게 된다.

지도자는 마음이 진실하고, 이목이 단정해야 한다. 진실하고 단정한 것은 리더십의 근본이다. 마음은 생각하는 것인데 생각은 반드시 좇고, 따르는 자세로 말해야 한다. 생각하고 말하는 것을 얻는 것이 지혜다.

귀는 듣는 것인데 듣는 것은 반드시 좇고 따르는 자세로 해야 한다. 듣는 것이 자세함을 귀 밝음이라고 한다. 눈은 보는 것인데 보는 것은 반드시 좇고 따르는 자세로 해야 한다. 보는 것을 잘 살핌을 눈 밝음이라고 한다.

총명한 지혜로 오로지 하고, 오로지 하여 어둡지 않게 하면 잘 다스릴 수 있다. 잘 다스려지면 조직 구성원들을 이롭게 할 수 있다. 이로움은 구성원들이 좋아하는 것이고, 그렇게 되면 공동체 조직은 아름답게 된다. 생각하여 말함에 얻지 못하면 지혜롭지 않게 되고, 지혜롭지 않으면 어둡게 된다. 듣는 것을 자세히 하지 않으면 귀가 밝아지지 않고, 귀가 밝지 않으면 오류를 낳는다.

보는 것을 살피지 않으면 밝아지지 않고, 살피지 않고 눈이 밝지 않으면 과오를 범하게 된다. 오류와 과오로 어두워지면 근심하게 되고, 근심하면 일이 잘못되기 쉽고, 이는 조직을 잘못 운영하는 원인이 된다. 조직 운영이 잘못되면 구성원이 해를 입는다. 해를 입으면 이는 원망으로 바뀌고 원망은 포악한 마음으로 돌변한다. 이에 지도자는 늘 마음을 진실하고 순수하게 지니고, 이목을 단정히 하는 데 힘써야 할 것이다.

제6장

장자,
자신의 편리함을 위해
새롭게 만들지 마라

보이지 않는 것들의 가치

인간은 양면성을 지닌 정신적 동물이다. 겉으로는 멀쩡한 사람이 속으로는 매우 음흉한 생각을 한다. 심하면 그것을 행위로 드러낸다. 그래서 우리는 인간을 표현할 때 '이중인격자'라는 말을 심심찮게 하곤 한다. 그런데 인간은 이런 이중적 인격 가운데서도 착하고 좋은 측면을 부각시켜 인간 평가의 잣대로 삼아왔다. 예컨대 '예의가 있다', '체면을 지켜라', '도덕적인 삶을 살아야지' 등, 인위적으로 우리 생활을 규제하고 지배하는 도덕과 법질서를 진정한 인간 삶의 잣대로 삼아왔던 것이다.

그러나 장자는 그런 인위를 뒤로 하고 인간의 자연성을 적극적으로 옹호했다. 자유로운 정신, 쓸모없게 보이는 것들의 재고, 특히 보이지 않는 것들의 가치를 재발견함으로써 동양인들의 사유에 많은 영향을 미쳤다. 그러나 2,200여 년 전의 인물인 장자의 생애를 알기란 거의 불가능하다. 우리가 그 시대를 함께 산 것도 아니고, 그에 대한 기록이 그리 많이 남아 있지 않은 까닭이다. 다만 우리에게 익히 알려져 있는 사마천의 《사기》〈노자한비열전〉의 장자에 관한 기록을 통해 부분적으로 추측할 수 있다.

장자는 지금의 중국 산동성과 하남성의 접경인 하남성 상구현 동북지역에 해당하는 몽(蒙) 지역 사람이라고 한다. 원래 이름은 주(周)이고, 일찍이 몽 지역 칠원의 관리가 되었다. 장주를 장자라고 한 것은, '자(子)'는 '공구'를 공자(孔子) '맹가'를 맹자(孟子)라고 하듯이, 일반적으로 남자에 대해 붙여준 명칭이거나 훗날 사람들이 그를 존숭하여 붙인 호칭일 것이다.

장자는 아마 자기 생활의 근거지인 몽이라는 지역의 관리, 오늘날의 지방 공무원에 해당하는 생활을 했던 것 같다. 그리고 장자가 활동했던 시기는 양혜왕이나 제선왕과 같은 시대였다고 한다. 즉 기원전 370년에서 301년쯤 되는 시기다. 또한 장자는 매우 박학해서 막히는 것이 없었다고 한다. 공부를 매우 많이 한 사람인 듯하다. 문제는 그의 학문이 노자에 근본하고 있다는 점이다. 그러니 당연히 그의 방대한 저서 《장자》도 대개가 노자의 학문에 설명을 더한 우화인 것이다. 그래서 노자와 장자의 사유를 통틀어 '노장(老莊)' 사상이라고도 한다.

워낙 많이 알고 지혜로웠던 까닭에, 장자의 말은 바다와 같아서 끝이 없었다. 동시에 어떤 것에도 걸림이 없이 자유분방했다. 그러므로 당시에 높은 벼슬을 하던 사람들에게는 매우 특이한 인물로 여겨졌을 것이다. 그러니 당연히 대접받지 못했음에 분명하다. 왜냐하면 높은 자리에 있는 사람들은 원래가 사람 부리기를 좋아한다. 그래서 사람들이 자기 부하가 되어 자기 말을 잘 들어주기를 바란다. 하지만 장자 같은 자유분방하고 솔직한 인물이 그에 고분고분할 리가 있었겠는가.

그런데 당시 초나라에 위왕이 있었다. 그는 장자가 어질고 훌륭하다는 말을 들었다. 이에 곧 사신을 보내 많은 예물을 주고 장자를 초빙해서 재상으로 삼으려 했다. 이때 장자는 껄껄 웃으며 초나라 사신에게 다음과 같이 말했다.

"천금은 엄청나게 큰돈이며 재상은 엄청나게 높은 자리라오. 당신은 하늘에 지내는 제사인 교제(郊祭)에서 제물로 쓰이는 소를 알고 있겠지요? 희생으로 쓰이는 소 말이오. 몇 년 동안 잘 길러 비단 옷을 입히고는 결국은 종묘로 끌고 가서 제물로 바치지요. 그때 그 소가 하찮은 돼지새끼처럼 자유롭게 살고 싶어 한들 무슨 소용이 있겠소. 때는 이미 늦은 것이오. 무슨 말인지 알겠소? 그대는 빨리 돌아가시오. 나를 욕되게 하지 마시오. 더럽혀질 판이었으면 내 차라리 진흙탕 속에서 헤엄이나 치면서 유유자적하지 않았겠소? 당신 왕에게 구속되어 살고 싶지는 않소이다. 평생토록 벼슬길에 나가지 않고 내 멋대로 즐기고 싶소이다."

이로 보아 장자가 얼마나 자기 세계를 구축하고 자유정신을 구가하려고 했는지 짐작할 수 있다. 그 자유정신만큼이나 그의 마음도 자유로웠을까?

일상의 편견을 버리는 게 중요하다

우리는 다양한 내용과 관점이 실려 있는 《장자》를 통해 마음에 대한 어떤 메시지를 읽을 수 있을까? 장자는 비유적 표현인 우화를 통해, 21세기인 지금 마음공부에 관해 어떤 메시지를 던지고 있을까?

먼저 《장자》 첫머리에 나오는 글을 직접 읽어보자. 그러면 무언가 감지되는 것이 있을 것이다. 《장자》 첫 편인 〈소요유(逍遙遊)〉의 첫머리는 이렇게 시작한다.

북녘 바다에 물고기가 있는데, 그 이름을 곤(鯤)이라고 한다. 곤의 크기는 몇천 리가 되는지 알 수가 없다. 이 물고기가 변해서 새가 되면 그 이름을 붕(鵬)이라고 한다. 붕의 등 넓이는 몇천 리나 되는지 알 수가 없다. 힘차게 날아오르면 그 날개는 하늘 가득히 드리운 구름과 같다. 이 새는 바다 기운이 움직여 큰바람이 일 때, 그것을 타고 남쪽 바다로 날아가려고 한다. 남쪽 바다란 곧 천지(天池)를 말한다.

[北冥有魚, 其名爲鯤. 鯤之大, 不知其幾千里也. 化而爲鳥, 其名爲鵬. 鵬之背, 不知其

幾千里也., 怒而飛, 其翼若垂天之雲. 是鳥也, 海運則將徙於南冥. 南冥者, 天池也.]

똑똑한 독자는 벌써 이야기 자체가 상식을 벗어나고 있다는 것을 눈치 챘을 것이다. 물고기 크기가 몇천 리라니! 그리고 물고기가 변해서 새가 된다니! 또한 그 새의 등 넓이가 몇천 리라니! 전설상에나 나올 법한 이야기 아닌가. 이제 조용히 허상에 덮인 일상의 눈은 감아버리기 바란다. 이처럼 장자를 읽을 때는 처음부터, 현실에 익숙한 우리의 눈과 귀를 재검토하며 눈앞에서만 보아왔던 유(有)의 세계를 무(無)로 전환해가야 한다.

장자는 세상 모든 것을 고르게 바라본다. 사람이나, 저 창공의 새나, 길가에 박힌 돌이나, 다 나름대로 의미를 지닌 존재들이다. 인간만이 귀중하고, 돌은 하찮은 것이 아니다. 그러기에 "똥오줌에도 도가 있다"고 말했다.

사람 사이에 있어서도 마찬가지다. 이런 것을 두고 상대적이라고 할 수도 있겠다. 일찍이 고대 서양의 아리스토텔레스는 인간의 존재 목적을 행복의 성취로 보았다. 그런데 사람마다 행복을 성취하는 데는 정도의 차가 있다. 사람마다 느끼는 행복의 도와 방법은 다를 수 있다는 말이다. 장자는 인간이 제각각의 본성을 자유롭게 전개해가면서 상대적인 행복감에 젖어들 수 있다고 한다. 즉 어떤 사람은 학자가 되고, 어떤 사람은 기능공이 되고, 어떤 사람은 청소부가 되어 자기가 만족하는 인생을 살 수 있는 것이다. 요즘처럼 모두가 획일적으로 대학을 졸업해야 하는 것이 아니다. 중요한 것은 모든 이가 자기 본성의 자유로운 전개라는 자연적 소질을 충분히 펴야만 한다. 우리의 자연성, 즉 천성이 충분히 그리고 자유롭게 전개될 때, 행복을 느끼는 것이다.

장자의 생각은 매우 상식적이다.

"자연적인 것은 안에 있고, 인위적인 것은 밖에 있다. 소와 말에 네 발이 달린 것은 자연이요, 소의 코를 뚫어 코뚜레를 하는 것과 말의 입에 자갈을 물리는 것은 인위다."

소와 말은 네 발 짐승이다. 그리고 풀을 뜯어먹고 산다. 그런데 인간들은 편히 부려먹기 위해 소에게 코뚜레를 하고 말에게 재갈을 물려 그들을 자유롭게 두지 않고 구속시켰다. 이는 인위로 자연을 파멸시킨 것이다. 즉 고의로 천성을 망친 일이다.

장자는 부탁한다. "제발 그대로 내버려 두시오. 그래야 진정한 도로 돌아갈 수 있소"라고. 도구의 편리함, 인위를 추구하는 인간에게 장자는 매우 엄하게 내리친다.

장자는 세상 사물의 행복에 대해 또 이런 예도 들고 있다. 기(夔)는 발이 하나밖에 없는 동물이다. 그래서 항상 발이 많은 노래기를 부러워했다. 그런데 발이 많이 달린 노래기는 오히려 발이 없는 뱀을 부러워했다. 뱀은 아무런 모습이 없는 바람을 부러워했다. 기와 노래기와 뱀은 모두 자기에게 부족한 것을 발견하고 다른 것에 대해 부러움의 표시를

한 듯하다. 다시 《장자》〈추수(秋水)〉의 이야기에 귀 기울여 보자.

기는 노래기에게 말했다.

"나는 외발로 깡충거리며 다니지만 그것조차도 힘에 부친다네. 그런데 자네는 만 개의 발을 쓰고 있으니 도대체 어찌된 건가? 정말 부럽네."

노래기가 대답했다.

"나는 내 마음의 자연스런 발동을 그대로 따르고 있을 뿐, 어째서 발이 움직이는지를 모른다네." 그리고는 노래기가 뱀에게 물었다.

"나는 많은 발로 걸어가지만 발이 없는 자네를 따르지 못하다니, 어째서인가?"

뱀이 대답했다.

"본래의 자연스런 발동으로 움직이고 있는 걸 어찌 바꿀 수 있겠나? 그러니 내가 어찌 발 따위를 쓸 필요가 있겠는가?"

뱀이 바람에게 물었다.

"나는 내 등이나 겨드랑이를 움직여서 가니 발이 있는 것과 같다네. 그런데 자네는 지금 휙휙 울리며 북해에서 일어나 남해로 들어가고 있는데, 마치 발이 없는 것 같으니 어째서인가?"

바람은 대답했다.

"그러나 내게 손가락을 세우면 나는 그 손가락을 이기지 못하고 내게 발길질하면 역시 나는 이기지 못한다네. 하지만 저 큰 나무를 꺾고 큰집을 날려 버리는 짓은 다만 나만이 할 수 있는 거라네. 갖가지 작은 일에는 이기지 않는 편이 크게 이기는 걸세."

발이 있는 것과 없는 것의 차이를 통해 무엇을 느꼈는가? 모든 사
물은 자기 존재의 근거와 이유가 있다. 누가 잘나고 못난 것이 아니
다. 단지 하늘에서 받은 대로 가지고 살아가고 있을 뿐이다. 사람들
사이에도 그 성질이 가지각색이고, 그 소질도 다 다르다. 그러나 공통
적인 것은 자신의 소질을 충분히 그리고 자유롭게 펴게 되면 마치 기
와 노래기와 뱀과 바람의 예처럼 모두가 고루 행복해진다는 것이다.

비슷한 얘기가 또 나온다. 앞에서 말한 붕새는 상상을 초월하는 새
다. 그런데 매미나 비둘기는 좁은 지역을 여기저기 날아다닐 뿐이다.
이처럼 아주 큰 새와 작은 새의 능력은 전혀 다르다. 붕새는 몇천 리
를 날 수 있지만, 매미와 비둘기는 겨우 이 나무에서 저 나무로 옮겨
날 수 있을 뿐이다. 그러나 그 새들은 모두 각자 자기가 할 수 있는 것,
하고자 하는 것을 하며 행복해 한다. 이처럼 세상 사물에는 절대적인
일률성도 없고 그럴 필요도 없다.

"두루미의 다리가 길다고 자르지 말고, 오리의 다리가 짧다고 길게
이어주지 말라"는 비유도 있다. 다음은 《장자》〈병무(騈拇)〉에 나오는
말이다.

가장 올바른 길을 가는 사람은 태어난 그대로의 자연스러운 모습을 잃지
않는다. 그래서 두 발가락이 붙어 있어도 네 발가락이라 생각지 않고 손가

락이 하나 더 있어도 여섯 손가락이라 여기지 않는다. 길다고 그것을 여분으로 생각지 않으며, 짧다고 그것을 부족하게 여기지 않는다. 그러니까 물오리는 비록 다리가 짧지만 그것을 길게 이어 주면 괴로워하고 두루미의 다리는 길지만 그것을 짧게 잘라주면 슬퍼한다. 때문에 본래부터 긴 것을 잘라서는 안 되며 본래부터 짧은 것을 이어 주어서도 안 된다. 그러니 여기에 대해 근심하고 두려워할 까닭은 없다.

[彼至正者, 不失其性命之情. 故合者不爲騈, 而枝者不爲岐. 長者不爲有餘, 短者不爲不足. 是故鳧脛雖短, 續之則憂. 鶴脛雖長, 斷之則悲. 故性長非所斷, 性短非所續, 無所去憂也.]

신체에서 어떤 단점이 있다고 생각했던 사람은 조금 편안해질지도 모르겠다. 예컨대 다리가 짧다고 슬퍼하거나 다리가 길다고 즐거워할 필요도 없다. 절대적 기준은 없다. 있는 그대로의 모습을 통해 제대로 사물을 인식하자. 이처럼 장자의 가르침을 통해 이제 우리는 일상의 편견을 버리는 법을 배울 수 있다.

언어와 지식의 한계를 인정하라

어렴풋하나마 상대적인 세계관을 접하며 장자가 그토록 얘기하는 요점이 무엇인지, 눈앞에 아른거릴 것이다. 세상에 절대적인 것은 없다. 절대적인 것을 추구하려는 것은 인간들이다. 인간들의 욕심이다. 인간들이 저지르는 문화적 행위를 우리는 인위(人爲) 혹은 작위(作爲)라는 말로 표현한다. 물론 인간은 인위나 작위를 행하지 않고 살 수 없다. 인위나 작위는 인간을 살리기도 하지만 우주 생명을 죽이기도 한다. 그 인위의 함정을 들여다보자.

아주 옛날 바다새가 날아와 노나라의 교외에 멈추었다고 한다. 노나라 제후는 이 새를 일부러 맞이하여 종묘 안에서 술을 마시게 하고 좋은 음악을 연주하며 소, 돼지, 양을 갖추어 대접했다. 새는 그만 눈이 아찔해 걱정하고 슬퍼하며 한 조각의 고기도 먹지 못하고 한 잔의 술도 마시지 못한 채 사흘 만에 죽어버렸다. 야생 조류를 잡아다가 새장에 가둬 놓고 인간들이 희희락락하고 있다고 생각해보라. 어찌 새가 살 수 있겠는가?

노나라 제후의 실수는 자신이 평소 먹고사는 방법으로 새를 대접했다는 데 있다. 새는 새가 먹는 방법대로 자연스럽게 대접해야 한다. 즉 깊은 숲에 살게 하고, 물가에 노닐게 하며, 강가나 호수 위에 떠다니며 미꾸라지나 피라미를 먹게 하고, 제 무리를 따라 살게 해야 하는 것이다. 그런데 흥청망청하는 인간 속에서 살게 하다니. 새는 사람의 소리조차 듣기를 싫어한다. 그런데 어찌 저 시끄러운 음악을 듣겠는가! 흔히 송충이는 솔잎을 먹고살아야 한다지 않았던가? 물고기는 물속에 있어야 살지만, 사람이 물속에 있으면 죽는다. 이것은 사람과 물고기가 서로 다르고 그들이 좋아하는 것과 싫어하는 것이 서로 다르기 때문이다.

　이것이 인위의 한 측면을 보여주는 대목이다. 인위의 결과 무엇이 왔는가? 죽음 밖에 더 있는가. 인위는 자연을 죽인다. 오늘날 인권 문제, 환경 문제, 동물 학대 문제를 생각해보라. 사람이 자기 편견대로 한 결과 어떻게 되었는가? 삶이 아니라 죽음을 재촉했다. 마치 새가 죽은 것처럼. 이에 장자는 앞에서 말한 말과 소의 예처럼 그들의 삶 그대로 살아가도록 가만히 두라고 했다. 이것이 무위다. 무위는 인간 자신의 편리함을 위해서 새롭게 만들지 않는다. 모든 사물은 자기 숨을 쉬며 살아갈 뿐이다. 이것이 세상을 움직이는 생명력이다. 그러므로 무위는 세상을 움직이는 생명의 씨앗이요 동력이다.

　우리 인간도 자연성, 본성을 제대로 파악하고 그에 따라 행위하라는 것이 장자의 충고다. 그렇게 했을 때 행복은 저절로 우리 앞에 놓이게 된다. 모든 인간이 같은 의미의 행복을 추구한다면 그것은 또 다시 인위의 길이요, 곧 죽음의 길이다.

　어찌 보면 행복은 각자의 길을 가는, 상대적인 측면 속에서 발견할 수 있다. 마치 오케스트라의 웅장한 화음처럼 제각기 다른 악기가 소리를 내어 노래를 연주하듯이 말이다. 장자가 추구했던 이상적인 인간, 지인(至人) 혹은 신인(神人)은 바로 무위의 양식으로 본성을 완전히 이해함으로써 절대적 행복에 이르는 인간이다. 즉 완전한 인간인 동시에 무위의 인간으로서 자신의 뜻에 따라 자유자재할 수 있었던 것이다. 무위의 생명력, 나의 본성을 제대로 읽는 데 힘써야 한다. 그것은 나를 초월하는 동시에 타인을 초월한다. 그 무위의 세계로 들어가기 위해서는 우리가 일상에서 쓰고 있는 언어와 지식의 한계를 인식해야 한다.

끊임없이 회의하고 부정하라

사람은 누구나 타인에게 인정받고 싶어 한다. 그것이 인지상정이다. 잘하고도 타인에게 인정받지 못하면 섭섭한 마음이 생긴다. 왜냐하면 인간은 자신에 대한 강한 긍정, 즉 주체성을 지닌 동물이기 때문이다. 삶에 대한 집착과 자기 확신은 자신을 주재하고 있는 자기인정에 있다. 그런데 꼭 그렇지 않을 때가 있다.

'나는 무엇인가? 지금 나의 모습이 진짜인가 가짜인가? 나라고 규정하고 있는 그 모든 것은 진실인가?' 하는 회의가 일어나기도 하는 것이다. 그것을 장자는 다음과 같이 표현한다.

나를 주관하는 참된 주재자는 있다. 그런데 그 모습을 볼 수가 없다. 사람의 심정을 움직이는 작용은 뚜렷한데, 그 형태는 볼 수 없다. 실체는 있으나 모습이 없는 것이다.

모습을 볼 수 없고 알 수 없다는 것 자체가 나의 존재를 확신할 수 없게 하는 회의에 빠트린다. 그리고 지금 나의 모습은 진정한 나의 모습 전체가 아님을 암시한다. 그럼 나는 무엇이란 말인가?

이런 꿈과 같은 인생에 대해 장자는 하나로 결정하지 않고 답을 연기하며 다른 형식으로 해답을 암시한다.

삶을 기뻐한다는 것이 미혹이 아닌지 내 어찌 알겠는가? 죽음을 싫어한다는 것이, 어려서 고향을 떠난 채 돌아갈 길을 잃은 자가 아닌지를 내 어찌 알겠는가?

이렇게 인생에는 새옹지마(塞翁之馬)처럼 정해지지 않은 출렁거림이 있다. 다시 말하면, 꿈속에서 아주 즐겁게 술을 마시며 흥에 겨워 놀던 사람이 아침에 일어나면 불행한 현실에 슬피 울고, 꿈속에서 너무나 슬피 울던 사람이 아침에 일어나면 아주 즐겁게 휘파람을 불며 생활하기도 한다. 꿈을 꿀 때는 그것이 꿈인 줄 모르고 꿈속에서 또한 그 꿈을 점치기도 하다가 깨어나서야 꿈이었음을 안다.

우리 인생도 마찬가지다. 참된 깨어남이 있고 난 후라야 이 인생이 커다란 한 바탕 꿈인 줄 아는 것이다. 그런데 어리석은 자는 자기가 깨어 있다고 자만한다. 아는 체하며 우쭐댄다. 높은 자리에 있다고 우러러 받들고 낮은 자리에 있다고 천대한다. 차별의 정신으로 세상을 사는 것이다. 얼마나 옹졸하고 한심한 짓인가?

우리는 이런 현실 속에서 마음공부를 통해 끊임없이 나를 회의하고 의심할 때 진정한 나를 들여다볼 수 있다. 서양 근대 학문을 연 데카르트는 "나는 생각한다. 그러므로 나는 존재한다"라고 하며, 자신을 회의하는 방법으로 철학을 시작했다. 그리고 이성을 발견했다.

장자 역시 지금 현재의 나를 회의하고 부정하는 가운데 참 나를 발견하려고 했다. 그래서 앞에서 얘기한 것처럼 나만의 주장을 고집하지 않고, 정해지지 않은 그 무엇을 향해 탐구의 눈을 뜨고 있었던 것이다.

현실 속에서 어쩌면 우리는 모두가 하나의 그림자에 불과한 건 아닐까? 《장자》〈제물론(齊物論)〉에는 자기 부정을 그림자에 비유했다.

엷은 그림자가 그림자에게 물었다.

"당신은 얼마 전에는 걷더니 지금은 멎고, 아까는 앉아 있더니 지금은 서 있소. 어째서 일정한 절도가 없는 거요?"

그림자가 대답했다.

"나는 내 뜻으로 그러는 게 아니고 내가 기대고 있는 사람의 몸을 따라 그러는 거겠지요? 내가 기대고 있는 것은 또 달리 그가 기대고 있는 것을 따라 그럴 테지요."

[罔兩問景曰. 曩子行. 今子止. 曩子坐. 今子起. 何其无特操與? 景曰. 吾有待而然者邪? 吾所待又有待而然者邪? 吾待蛇蚹蜩翼邪? 惡識所以然! 惡識所以不然.]

인간은 홀로 있을 수 없다. 타인과의 의지와 관계 속에 존재한다.

그림자의 근원을 단순히 사물이라 보지 말라. 그 사물은 어딘가에 또 기대고 있으며, 끊임없이 서로 연관되어 기대고 있다. 마치 변증법의 논리처럼 "모든 사물은 연관되어 있는 것"이다.

상들리에의 반짝거림을 보라. 어느 불빛이 진짜일까? 이 불빛은 저 불빛에 의해, 저 불빛은 이 불빛에 의해 서로서로 비추어준다. 이때 나는 연관 속에 있는 것이지 독존하는 것이 아니다. 마치 불교의 연기(緣起)처럼 말이다. 즉 '나'라는 주체는 그것의 부정을 통해 타인 속으로 들어가 타인과 일치되어야 한다. 그것이 바로 유명한, 내가 네가 되고 네가 내가 되는 물아일체(物我一體), 이른바 물화(物化)의 경지다. 이 물화의 경지는 《장자》〈제물론〉에서 유명한 '호접몽(胡蝶夢)', 나비 꿈으로 설명된다.

언제인가 장주는 나비가 된 꿈을 꾸었다. 훨훨 날아다니는 나비가 된 채 유쾌하게 즐기면서도 자기가 장주란 것을 깨닫지 못했다. 그러나 문득 깨어나보니 틀림없는 장주가 아닌가. 도대체 장주가 꿈에 나비가 되었을까? 아니면 나비가 장주가 된 것일까?

여기에서는 엄밀한 의미에서 나를 규정하기가 어렵다. 나와 나비는 일체이기도 하고 아니기도 하다. 이때 나에 대한 회의와 부정으로 '나'라는 장주는 사라진다. 그러나 나는 진정한 형태, 즉 내가 나비이고 나비가 나인 양식, 무규정의 진실로 살아 있다.

절대적인 것의 대긍정을 추구하라

상대적 관점이나 언어, 지식에 매인 인간은 제한된 관점, 인위의 눈으로 삶을 영위하는 인간군상들이다. 이제 장자는 그것의 해체를 시도한다. 그 과정이 회의와 부정이었고, 무위의 추구였다. 이는 곧 하늘에 비추어 사물을 보는 초월의 관점으로 들어간다. 그래서 장자는 이런 생각으로 절대 정신의 집을 짓는다.

사물은 저것 아닌 것이 없고, 또한 이것 아닌 것도 없다. 보는 각도와 방향에 따라 다르다. 스스로 자신을 저것이라고 한다면 알 수 없지만, 스스로 자신을 이것이라고 본다면 알 수가 있다. 그러므로 저것은 이것에서 생겨나고 이것 또한 저것에서 비롯된다고 한다. 저것과 이것은 나란히 함께 생긴다. 삶이 있으면 반드시 죽음이 있고, 된다는 측면이 있으면 안 된다는 측면이 있고 그 반대도 있다.

옳다는 것에 의거하면 옳지 않다는 것에 기대는 셈이 되고, 옳지 않다는 것에 의거하면 옳다는 것에 의지하는 셈이 된다. 이처럼 세상의 모든 일은 상대적이므로 성인은 그런 방법에 의지하지 않고 그것을 절대적인 자연의 조명에 비추어본다. 그리고 커다란 긍정의 세계에 의존한다. 즉 이것이 저것이고, 저것 또한 이것이다. 또한 저것도 하나의 시비(是非)이고, 이것도 하나의 시비다. 과연 저것과 이것이 있다는 말인가. 과연 저것과 이것이 없다는 말인가. 결국 저것과 이것의 대립은 없다.

　이처럼 저것과 이것의 대립을 초월한 절대적인 경지, 이를 도의 지도리라고 한다. 지도리이기 때문에 원의 중심에 있으면서 무한한 변전에 대처할 수 있다. 옳다는 것도 하나의 무한한 변전이며, 옳지 않다는 것도 하나의 무한한 변전이다. 그러므로 옳고 그름을 내세우는 것은 밝은 지혜로 비추어보는 것만 못하다. 이런 견해는 마치 불교의 색즉시공(色卽是空) 공즉시색(空卽是色)의 논리와도 비슷하다. 공이 색이고 색이 공이 되는 무차별의 세계, 그 대긍정의 절대적 경지는 인간이 생각하는 모든 유(有)의 세계를 넘어 있다.

　미닫이문이 있다. 밀고 닫는 문. 이때 문은 미는 것인가? 닫는 것인가? 밀기도 하고 닫기도 한다. 이는 동시에 이루어지는 작업이다. 또 책상 서랍을 빼닫이라고 한다. 이때 서랍은 빼는 것인가? 닫는 것인가? 둘 다이다. 즉 밀고 닫고, 빼고 닫음의 동시성이 바로 대긍정의 세계다.

　무차별의 세계는 바로 여기에 있다. 미는 것만도 닫는 것만도 아닌 그 둘의 동시성의 세계. 회전문을 상상해보라. 빙글빙글 돌아가는 문의 시작과 끝, 내 것과 네 것의 구분이 있는가? 없다. 다만 문은 중심, 지도리를 두고 돌아갈 뿐이다. 지도리의 눈으로 보는 세계는 늘 절대적인 대긍정의 세계다. 장자는 그런 절대적인 것의 대긍정을 추구했다.

　그래서 생사, 득실, 나와 너, 시작과 끝 등 모든 구분과 분별과 차이의 세계를 하나로 통합, 즉 무화하여 대일(大一)의 세계를 만들었다.

이는 쓸모없음의 쓰임[無用之用]이라는 표현에서 잘 드러난다. "아무데도 쓸모없어 보이던 것이 다른 측면에서 아주 긴요하게 쓰인다"는 것이다. 예컨대, 우리는 평소 밥을 먹고 살아간다. 우리는 밥을 먹는다는 사실을 매우 유용한 행위로 간주한다. 하지만 상대적으로 똥을 눈다는 사실은 매우 무용한 것으로 판단하기 쉽다. 그러나 자연의 순환이라는 대긍정의 눈으로 보라. 먹을거리는 똥이라는 퇴비, 자원 없이 생산할 수 없다. 즉 밥은 똥으로 말미암고 똥은 밥으로 말미암는다. 그것이 순환의 논리요, 관계의 논리다. 그러므로 대긍정의 차원에서 둘은 통합된다.

지식을 버리면 차별이 사라진다

대긍정의 세계, 대일(大一)하기 위해서는 사물들 간의 차별상을 버려야 한다. 즉 인간이 지닌 좁은 눈의 지식을 버려야 하며, 아집에 빠지지 말아야 한다. 우리가 지식을 추구하는 것은 바로 사물들 사이의 차이를 분별하는 작업이다. 그러므로 지식을 버리는 것은 사물들 사이의 구별을 잊어버리는 것이며 더 큰 전체를 추구하는 일이다. 지식 아닌 지식이라고나 할까? 이것이 그 유명한 좌망(坐忘)에 대한 이야기다. 차별상의 망각!

《장자》〈대종사(大宗師)〉에는 공자와 그의 제자인 안회의 가상 대화를 통해 그들의 사상을 비꼬는 동시에 좌망을 말하고 있다.

안회 : 저는 얻은 바가 있었습니다.

공자 : 뭘 말이냐?

안회 : 저는 인의(仁義)를 잊었습니다.

공자 : 됐다. 하지만 아직 미흡하다.

며칠 후, 두 사람은 다시 만났다.

안회 : 저는 얻은 바가 있었습니다.

공자 : 뭘 말이냐?

안회 : 저는 예악(禮樂)을 잊었습니다.

공자 : 됐다. 하지만 아직은 미흡하다.

또 며칠이 지난 후, 또 다시 만났다.

안회 : 저는 얻은 바가 있었습니다.

공자 : 뭘 말이냐?

안회 : 저는 좌망(坐忘)하게 되었습니다.

공자는 놀라서 물었다.

공자 : 무엇을 좌망이라고 하느냐?

안회 : 손발이나 몸을 잊고, 귀와 눈의 작용을 물리쳐서, 형체를 떠나 지식을 버리고, 저 위대한 도와 하나가 되는 것, 이것을 좌망이라고 합니다.

공자 : 도와 하나가 되면 좋다 싫다라는 차별 따위는 없어지고 도와 하나가 되어 변하면 한 군데 집착하지 않게 된다.

[顏回曰. 墮肢體, 黜聰明, 離形去知, 同於大通, 此謂坐忘. 仲尼曰. 同則無好也, 化則無常也. 而果其賢乎! 丘也請從而後也.]

　여기에서 안회는 지식을 버림으로써 성인의 경지에 오를 수 있다고 스승에게 얘기했다. 그런데 우리가 오해해서는 안 될 일이 있다. 지식을 버리면 논리적 결과로는 지식이 없는 상태인 무지(無知)를 지니게 된다. 그러나 '지식을 가지지 않은 것'과 '무지를 가지는 것'은 다른 의미다. 즉 '지식을 가지지 않은 것'은 본래 무지하다는 것이지만, '무지를 가지는 것'은 지식을 가진 상태의 뒤에 오는 고차원의 단계다. 알면서도 무지할 수 있다는 것은 그런 구별을 초월한 상태다. 즉 나의 앎을 주장하지 않고 잊어버린 상태다.

　장자는 그것을 잘 알았다. 작은 지식의 추구가 아니라 오히려 큰 지식을 추구함으로써 무지의 지혜를 알았던 것이다. 무지의 지혜가 바로 세상을 온통 긍정하는 절대적인 지혜다. 다시 말하면 지식과 무지의 차별이 절대적인 의미가 없음을 발견하고 그 경계를 허물어버렸던 것이다. 아니 그런 경계의 존재조차 망각했던 것이다. 바로 이런 좌망의 경지는 자연에로의 몰입이다. 이것이 가능할 때 비로소 진정한 인간으로 태어날 수 있다.

제7장

묵자,
자신의 이익을 위해
타인을 희생시키지 마라

차별 없는 사랑

묵자는 중국 고대 사회의 매우 중요한 사상가임에도 불과하고, 다른 사상가들에 비해 우리에게 상대적으로 익숙하지 않다. 춘추전국시대를 살다간 것 같으나, 생존 연대 또한 정확하지 않다. 그가 남긴 족적에 비해 사마천이 《사기》〈맹자순경열전〉에 기록한 내용은 너무나 짧다.

묵자는 송나라 대부로서 성을 잘 지키고 비용을 절약했다. 어떤 사람은 그를 공자와 동시대라고도 말하고, 어떤 사람은 공자 이후라고 말하여 분명치가 않다!

이게 전부다. 묵자는 우리에게 '겸애(兼愛)'설을 주장한 것으로 알려져 있다. 겸애, 무차별의 사랑. 그것은 묵자가 추구하는 삶에 대한 기본자세다. 보다 구체적으로 말하면, 묵자는 의(義)를 귀하게 여기고 장례를 절제하며 검소한 생활을 주장했다. 흥청망청 먹고 마시는 비생산적 측면을 거부하며 인간 삶의 전반에서 상당 부분 민중의 이익을 대변하고 있다. 이런 자세는 그의 출신 성분이 공장(工匠)이며, 천민임을 자부한 것과 무관하지 않다.

여러 학자들의 견해에 따르면, 묵자는 공자와 같은 노나라 사람이며, 그 생존 연대는 공자와 맹자 사이라는 설이 신빙성이 있다. 어떤 사람은 묵자가 중국 출신이 아니라 동이족이라고도 한다. 또는 그 사상이나 문법적 유사성 등을 들어 아라비아 출신의 회교도라고도 하고, 인도 출신의 불교도라고도 한다.

어쨌건 묵자는 주나라의 문명의 기초였던 종법질서가 무너지고, 사회가 혼란했던 춘추전국시대의 틈바구니를 살았던 것은 분명하다. 그런 그의 사상적 구호는 상대적으로 단순했다.

공격적인 전쟁을 중지하라!

절약하는 생활을 실천하라!

허례허식을 경계하라!

모든 사람을 아껴주라!

하늘의 뜻을 받들고 존경하라!

이런 사유는 당시 사치와 허례허식, 음악을 즐기던 유가를 비판하면서 발생한 것으로 보인다. 혼란스럽고 욕망에 가득 찬 세상의 질서를 바로잡기 위해, 즉 평화로운 세상을 건설하기 위해, 묵자는 전쟁이나 갈등의 소지가 있는 곳이면 어디든지 달려가 그들을 설득하려 했다. 사사로운 욕망에 찌든 개인주의가 아니라, 모든 사람을 사랑하려는 겸애를 강조하고, 검약과 절제의 삶을 추구하며 건실한 사회를 이뤄보려는 꿈을 꾸었다. 이는 당시 사람들에게 상당한 지지를 받았던 것으로 평가된다.

—

'의'와 '불의'를 분별하라

—

묵자의 마음공부를 이해하기 위해, 먼저 그가 어떤 사유에 기초했는지 그의 저술에 나타난 몇 가지 주장을 살펴보자.《묵자》〈비락(非樂)〉 상편에 다음과 같은 구절이 있다.

자기 노동에 의지하는 자는 살고, 자기 노동에 의지하지 않는 자는 살 수 없다.

[賴其力者, 生. 不賴其力者, 不生.]

또한《묵자》〈천지(天志)〉 하편을 보면 다음과 같은 구절이 나와 있다.

자신이 노동하지 않으면서 그 성과를 얻는 것은 자기 소유가 아닌 것을 취하는 것과 같다.

[不與其勞, 獲其實. 已非其有, 所取之故.]

이어 《묵자》 〈절용(節用)〉 상편과 〈비명(非命)〉 하편에는 이런 말이 있다.

성인이 크게 천하를 다스린다면 천하의 이익이 두 배가 될 것이다. 그 두 배는 밖으로 땅을 얻어서가 아니다. 그 나라에서 쓸모없는 비용을 없앰으로써 두 배가 될 수 있다. 성왕이 정치를 할 때에는 정령을 발하고 사업을 일으킴에 있어 백성의 편리를 헤아려 제물을 사용하기 때문에 이익을 증가시키지 않는 일을 하지 않는다. 따라서 재물의 사용에 낭비가 없고 민생이 피폐하지 않으며 이익을 일으키는 것이 크다.
노력하면 부유하게 되고, 노력하지 않으면 가난하게 되며, 노력하면 배부르고, 노력하지 않으면 굶주린다고 생각하기 때문에 감히 나태할 수가 없다.

묵자의 사유는 분명하다. 노동, 절약, 노력 등 매우 일상적이면서도 서민적이고 민중적인 느낌이다. 그것이 의미하는 바는 무엇일까? 그만큼 지배계층과 거리가 있다는 말이다.
이런 사고와 더불어 묵자는 침략 전쟁을 반대하는, '비공(非功)'의 논리를 제시한다. 왜냐하면 자신이 처절하게 경험한 세계, 인간 사회의 혼란상, 평화롭지 못한 상황은 서로가 사랑하지 않는 데서 일어난다고 보았기 때문이다. 인간은 서로 사랑하지 않기 때문에 남을 손상시키고, 자기 이익만을 추구하게 된다. 이는 일종의 침략 행위라는 것이다. 묵자는 〈비공(非攻)〉 하편에서 이렇게 진단했다.

만일 어떤 사람이 남의 과수원에 들어가 몰래 복숭아나 자두를 훔쳤을 경우 많은 사람들이 이를 알면 그를 비난할 것이며, 위정자들은 그를 붙잡아 처벌하려 할 것이다. 이것은 어째서 그런가? 다른 사람을 해치면서 자신은 이익을 얻었기 때문이다.

남을 해침으로써 자신을 이롭게 하는 일은 생활 곳곳에서 일어날 수 있다. 이것이 국가 간에 벌어지는 것이 전쟁이다. 중국 고대 사회에서는 지배 계층이 자신의 이권 확장을 위해 전쟁을 즐겨 삼았다. 그러나 최종적인 피해는 항상 농민들에게 전가되었다. 이에 묵자는 약자인 민중을 전쟁의 피해로부터 해방시켜야 한다는 강한 의지를 가졌다. 그리고는 타인에 대한 침략 행위를 거부했다. 이때의 침략행위는 불의(不義)와 상통한다. 묵자는 사실 전쟁 자체를 전면적으로 부정한 것은 아니다. 침략자에 대한 불의, 즉 소수 지배층의 이익 때문에 다수인 민중의 이익이 침해당해서는 안 된다는 논리를 전개했다.

다음에 나오는 《묵자》 〈비공〉의 내용을 보면 알 수 있다.

의롭지 못하게 남의 나라를 공격하는 데 대해 비난할 줄 모르고, 오히려 의로운 것이라 칭찬한다. 이러한 경우, 의와 불의를 분별한다고 할 수 있겠는가?

묵자의 비공론은 바로 '의'와 '불의'를 분별하지 못한다는 사고에서 나왔다. 의와 불의는 서로 사랑하지 않아 다른 사람을 해치고 자기 이익을 주장하는 데서 싹튼다. 그리고 자기 이익의 주장이 불의임을 인지하지 못할 때 침략 행위가 일어난다. 묵자는 당시 사회에서 다양한 침략 행위를 목격했다.

그런 측면에서 볼 때 묵자의 비공은 평화로운 세상 자체를 공격하지 말라는 것보다는 오히려 침략 행위를 공격하는 자세라고 볼 수 있다. 즉 제후국들 사이에 벌어지는 침략 전쟁을 단호히 저지해야 한다는 의지 표명이었다.

한국 전쟁의 상처가 반세기가 지난 지금에도 아물지 않고 있는 것처럼 전쟁은 인간을 극도로 피폐하게 만든다. 농토가 황폐해지고, 도시가 파괴되며, 수많은 생명이 죽어간다. 중국 고대에서의 전쟁은 대부분 땅을 넓히거나 인구를 증가시키는 이익에 매달려 있었다. 그러나 묵자는 땅을 넓히는 일을 위해 전쟁을 한다는 것은 손익 계산이 맞지 않는다는 공리적 측면에서 전쟁을 반대했다. 즉 전쟁은 이로움보다는 해로움이 많다는 것이다.

《묵자》〈비공〉에 나온 구절을 다시 살펴보자.

지금 세상의 위정자들이 진실로 천하의 이로움을 일으키고, 천하의 해로움을 없애고자 하지만, 번거롭게 공격과 정벌을 행하는 것이 천하의 커다란 해로움에 해당한다.

여기서 말하는 해로움은 바로 민중들의 생활을 기준으로 한 것이다. 왜 위정자들의 이권 싸움으로 일반 민중들이 해를 입어야 하는가? 그것은 민중들의 평화를 깨트리는 일이었다. 그러기에 묵가는 급기야 강대국의 침략으로부터 약소국을 구원하기 위한 방어집단을 조직했다. 여기에는 농공상인과 다양한 천인 집단이 참여해 성곽을 구축하고 무기를 제작하며 방위 설비를 마련하는 등의 역할을 했다고 전한다.

우리는 묵자의 비공론에서 해로움을 없애고 공동의 이익을 추구하는 평화주의적 성격을 엿볼 수 있다. 묵자의 침략 전쟁의 반대는 바로 평화의 지향이다. 침략은 인간의 자기 이익과 욕심에서 기인한다. 자기 이익 추구로 말미암아 타인을 지배하고 정복하려고 한다. 이런 침략과 공격 행위는 결국 자기 이익을 위해 남을 희생시켜도 된다는 논리다.

묵자는 이에 반대한 것이다. 결국 그의 마음공부는 평화를 향한 염원으로 통한다.

근본을 다져 일상의 도리를 다하라

묵자는 전란을 수시로 겪으면서 차분하게 마음을 다스릴 여유가 없었던 것 같다. 그런 상황과 맞물려 그의 마음공부는 행위의 단속에 서부터 출발한다. 누구나 자신과 연관되는 일들을 잘 처리하고, 자신을 성찰하고 반성할 줄 알아야 한다는 것이다.

《묵자》〈수신(修身)〉에는 인간의 마음가짐을 매우 구체적으로 일러준다.

마음공부를 제대로 한 사람은 전쟁을 할 때 사용하는 포진법(布陣法)을 쓴다. 그 포진법의 근본은 용기다. 초상을 치를 때는 예의를 갖춘다. 하지만 그 예의의 근본은 슬픔이다. 마음공부를 하는 선비는 학문에 몰두한다. 하지만 학문의 근본은 실천이다. 때문에 모든 일에서 상황에 따라 검토해야 하는 근본은 매우 중요하다.

[君子戰雖有陳, 而勇爲本焉. 喪雖有禮, 而哀爲本焉. 士雖有學, 而行爲本焉. 是故置本不安者.]

근본이 안정되지 않은 사람이 결과부터 욕심내어서는 곤란하다. 가까운 사람들과 친하게 지내지 않으면서 먼 사람들과 가까이 하려 애쓰는 것도 곤란하다. 하는 일이 밑도 끝도 없이 정리가 안 되어 있는데, 많은 일을 하려고 애써서도 안 된다. 미리 알아야 할 사물에 대해 알지 못하면서 다른 것을 많이 알려고 애써서도 안 된다.

묵자의 말 한마디 한마디는 상식이다. 특별하게 바랄 것도 없다. 당연한 일 아닌가? 터 잡기를 통해 기초를 다져야 기둥을 세울 것 아닌가!

마음공부를 하는 사람의 특성 역시 마찬가지다. 주변의 가까운 것부터 잘 살피고, 닦아 나간다. 혹여 마음공부가 되어 있지 않은 사람의 행동을 보게 된다면 그들을 비난하기에 앞서, 오히려 나 자신은 마음공부가 잘 되어 있는지 신중히 성찰하고 반성할 필요가 있다. 남을 해치려는 간사한 말은 귀에 담지 않고, 남을 공격하는 말은 입에서 내지 않으며, 남을 죽이거나 해코지 할 뜻을 마음에 두지 않는다. 그렇게 하면 남을 헐뜯으려는 사람이 빌붙을 데가 없다. 그러므로 마음공부에 진정으로 힘쓰는 사람은 날마다 분발해야 한다. 욕망을 늘 억제하며, 항상 몸가짐을 단정하게 해야 한다.

마음공부가 된 사람의 행동은 가난한 사람을 대할 경우에는 청렴한 모습을 보여준다. 부유한 사람을 대할 경우에는 겸손하고 의로운 모습을 보여준다. 평소 사람을 만날 때는 사랑으로 대한다. 초상집에 조문을 갔을 때는 슬픔을 함께 나눈다. 이 네 가지 행동은 남에게서 함부로 빌릴 수 없다. 마음공부를 통해 자신을 성찰할 때만 드러날 수 있는 행동이다.

또한 마음공부를 통해 기초를 세웠다 해도 마음에 두고 있는 것만으로는 사랑을 다할 수 없다. 그것들이 온몸에 두루 뻗치고 살갗에까지 가득 차서, 머리가 희어지고 빠질 때까지 그것들을 버리지 않아야만 한다. 그것은 마음공부가 충분히 된 성인만이 할 수 있는 일이리라.

기초가 탄탄하지 못한 사람은 반드시 위태로움에 봉착하게 된다. 용감하기는 하나 몸을 닦지 않은 자는 나중에 반드시 태만해진다. 뜻이 강하지 않은 사람은 지혜에 통달하지 못한다. 말이 믿음직스럽지 않는 사람은 실천을 제대로 하지 못한다. 재물을 풍부하게 가지고 있으면서도 남에게 나누어주지 못하는 자는 벗으로 사귈만한 사람이 되지 못한다. 올바른 도리를 제대로 지키지 않고, 사물을 구체적으로 분별하지 못하며, 옳고 그름을 살피어 분간하지 못하는 자는 더불어 놀만한 사람이 되지 못한다. 다시 말해, 근원이 흐리면 그 흐름은 밝지 않다. 행동에 신뢰가 없는 자는 명성이 좋지 않게 마련이다.

명성은 우연히 생기는 것이 아니다. 공을 이루어야만 명성을 확보할 수 있다. 명예는 저절로 자라나는 것이 아니다. 함부로 빌릴 수 있는 것도 아니다. 자신의 마음공부가 어떠한지 성찰하고 진지하게 반성할 때 그 과정을 통해 얻어지는 것이다.

또한 말하는 데는 힘쓰면서 실천하는 데 더디면, 아무리 말을 잘 한다 하더라도 들어줄 사람이 없다. 아무리 능력이 많다 해도 자기 공로만을 자랑하면, 아무리 수고롭게 일을 많이 한다 하더라도 함께 일하려는 사람이 없게 된다. 지혜로운 사람은 그렇게 하지 않는다. 말을 잘하더라도 잡다하게 말하지 않고 말한 것을 실천하는 데 집중하고,

능력이 많다 하더라도 공로를 자랑하지 않는다. 그 결과 명예가 세상에 드날리게 되는 것이다.

정리하면, 묵자의 입장에서 본 마음공부가 잘된 사람은 자신이 하는 일을 도리에 맞게 몸소 실천하는 사람이다. 개인적 이익만을 생각하고 함부로 행동하거나, 명예를 잊고 경솔히 행동하면서 올바른 사람이 될 수는 없는 법이다.

—

세상의 밝은 법을 찾아 실천하라

—

묵자에게 하늘은 세상을 지배하는 높은 존재다. 따라서 하늘의 뜻은 인간 사회의 정의가 된다. 모든 사람이 본받고 따라야 할 규범으로 존중된다. 《묵자》〈천지〉 상편에는 그런 마음을 담아 공부를 열망하는 자세가 실려 있다.

지금 세상 사람들은 작은 것은 알면서도 큰 것은 알지 못한다.

[今天下之士君子, 知小而不知大.]

묵자의 사상을 더 자세히 알기 위해 〈천지〉 상편 속 대화를 간추려서 살펴보자.

"무엇을 보고 그렇게 판단하는가?"

묵자가 말했다.

"그들이 집에서 생활하는 것을 보면 안다. 집안에 있으면서 가장에게 죄를 지으면 그래도 이웃집으로 도피할 수는 있다. 그러나 부모형제를 비롯해 그를 아는 사람들은 '가장에게 죄를 지어서는 안 되지! 조심해야 돼! 어찌 한 집안에 살면서 가족들에게 죄를 짓고도 괜찮을 수가 있겠는가?'라며 그를 경계할 것이다.

집안에서 생활하는 것만이 그러한 것이 아니다. 나라에서 살아가는 것 역시 그러하다. 나라에서 살다가 한 나라의 최고지도자에게 죄를 지으면 그래도 이웃 나라로 도피할 수는 있다. 그러나 부모형제를 비롯하여 그를 아는 사람들은 '최고지도자에게 죄를 지어서는 안 되지! 조심해야 돼! 어찌 한 나라에 살면서 최고지도자에게 죄를 짓고도 괜찮을 수가 있겠는가?'라며 그를 경계할 것이다.

이처럼 도피할 여지가 있는 상황에서는 사람들이 서로 경계만 할 뿐이다. 그런데 도피할 여지도 없는 상황에서는 서로 경계하는 것으로만 되겠는가? 속담에 '이렇게 밝은 날, 좋은 시절에 죄를 지으면 어디로 도피할 것인가? 도피할 곳이 없다!'라는 말이 있다. 하늘은 모든 것을 내려 보고 있다. 깊은 숲이나 골짜기 속 한적하고 아무도 없는 곳이라 하더라도 어떤 것도 함부로 몰래할 수 없다. 하늘은 그 모든 것을 정확하게 보고 있다! 문제는 세상 사람들이다. 하늘이 이러한데 서로 경계할 줄 모른다. 이것이 내가 '세상 사람들이 작은 것은 알면서도 큰 것은 알지 못하는 것'을 아는 까닭이다."

"그렇다면 하늘은 무엇을 바라고 무엇을 바라지 않는가?"

"하늘은 정의를 바라고 불의를 바라지 않는다. 그러므로 세상 사람들과 더불어 정의를 실천한다는 것은 내가 바로 하늘이 바라는 일을 실천하는 것이 된다. 내가 하늘이 바라는 일을 실천하면 하늘 또한 내가 바라는 일을 해준다. 이런 상황에서 나는 무엇을 바라고, 무엇을 바라지 않는가? 나는 행복과 재물을 바라고 재난과 천벌을 바라지 않는다. 내가 하늘이 바라는 일을 하지 않고, 하늘이 바라지 않는 일을 한다는 것은 내가 세상 사람들과 더불어 재난과 천벌을 요청하는 꼴이 된다.

"'하늘이 정의를 바라고 불의를 바라지 않는다'는 것을 어떻게 알 수 있는가?"

"세상에 정의가 있으면 사람이 살고 정의가 없으면 사람이 죽는다. 정의가 있으면 부유해지고 정의가 없으면 가난해진다. 정의가 있으면 평화롭게 안정되고 정의가 없으면 혼란스러워진다. 때문에 하늘은 사람들의 삶을 바라고 죽음을 바라지 않으며, 사람들의 부유함을 바라고 가난함을 바라지 않으며, 사람들의 안정을 바라고 혼란을 바라지 않는다. 이것이 '하늘이 정의를 바라고 불의를 바라지 않음'을 알 수 있는 근거이다."

묵자가 이어 말했다.

"정의는 올바름이다![夫義者, 正也]. 아랫사람이 하는 일에 따라 윗사람이 바로잡히는 일은 없다. 반드시 윗사람이 하는 일에 따라 아랫사람들이 바로잡히는 것이다. 그러므로 서민들은 있는 힘을 다해 자기 일에 종사하지만 자기 마음대로 다스릴 수는 없다. 관리들이 법도에 따라 그들을 다스린다. 관리들도 있는 힘을 다해 자기 일에 종사하지만 자기 마음대로 다스릴 수는 없다. 그보다 높은 정치지도자들이 법도에 따라 그들을 다스린다. 중간급 정치지도자들도 있는 힘을 다해 자기 일에 종사하지만 자기 마음대로 다스릴 수는 없다. 그 위에 최고지도자가 있어 법도에 따라 그들을 다스린다. 최고지도자도 자기 마음대로 사람들을 다스릴 수는 없다. 그 위에 하늘이 있어 그를 다스린다.

최고지도자가 중간급지도자에서 서민에 이르기까지 법도에 따라 다스린다는 것은 세상 사람들 누구나 명확히 알고 있다. 문제는 하늘이 최고지도자와 세상 사람들을 다스리고 있다는 것을 아직도 분명히 알지 못하다는 데 있다.

그러므로 옛날 하은주 때의 성왕인 우임금과 탕임금, 문왕, 무왕과 같은 최고지도자들은 하늘이 모두를 다스리고 있다는 것을 세상 사람들에게 정확하게 알려주려고 했다. 모두 소와 양을 기르고 개와 돼지를 기르며 깨끗이 잿밥과 술을 마련하여 하느님과 귀신들에게 제사를 지내 하늘에 복을 빌고 구했다. 나는 하늘이 최고지도자에게 행복을 기원했다는 말은 들어본 적이 없다. 그래서 하늘이 최고지도자를 다스리고 있음을 아는 것이다.

그러므로 최고지도자는 세상에서 가장 소중한 사람이며 세상에서 가장 부유한 사람이다. 부유하고 소중한 사람이라면 하늘의 뜻을 따르는 사람은 모두가 서로 이롭게 해주어야 한다. 그래야 반드시 하늘의 상을 받으리라. 하늘의 뜻에 반하는 자는 사람을 차별하고 서로 미워하며 해쳐서 반드시 하늘의 벌을 받으리라.”

“어떤 사람이 하늘의 뜻을 좇아서 상을 받았으며 어떤 사람이 하늘의 뜻에 반하여 벌을 받았는가?”

묵자가 말했다.

“옛날 하은주 삼대의 성왕인 우임금, 탕임금, 문왕, 무왕이 하늘의 뜻을 좇아서 상을 받았다. 반대로 옛날 하은주 삼대의 폭군인 걸왕, 주왕, 유왕, 여왕은 하늘의 뜻에 반하여 벌을 받았다.”

“그렇다면 우임금, 탕임금, 문왕, 무왕과 같은 이들이 상을 받은 것은 무엇 때문이었는가?”

“그들이 하는 일은 위로는 하늘을 높이고, 가운데로는 귀신을 섬기며, 아래로는 사람들을 사랑하는 것이었다. 그러므로 하늘이 ‘이들은 내가 사랑하는 것을 모두 아울러 사랑해주고 내가 이롭게 하는 것을 모두 아울러 이롭게 해주었다. 이들은 사람들을 널리 사랑하며 이롭게 했다’라고 여겼다. 그런 공로를 인정하여 그들에게 세상에서 가장 소중하고 가장 부유하며 자손만대에 그의 훌륭함을 전하여 칭송하고 세상에 알려지도록 하여, 지금까지도 성왕이라 불리고 있는 것이다.”

“반대로 걸왕, 주왕, 유왕, 여왕이 하늘의 벌을 받은 것은 무엇 때문인가?”

"그들이 하는 일은 위로는 하늘을 욕하고, 가운데로는 귀신들을 해치며, 아래로는 사람들을 못살게 구는 짓이었다. 그러므로 하늘이 '이들은 내가 사랑하는 것에 차별을 두어 미워하고 내가 이롭게 하는 것을 어그러뜨려 모두에게 해코지했다. 이들은 사람을 너무 많이 해쳤다'라고 여겼다. 그러므로 지금까지도 비난을 받으며 폭군이라 불리고 있는 것이다."

"하늘이 고을과 사람을 다스리고 있는데 어찌 사랑하지 않겠는가?"

"그래서 내가 '한 사람의 무고한 사람을 죽이면 반드시 한 사람만큼의 불행을 겪게 된다'라고 했다."

"무고한 사람을 죽이는 자는 누구인가?"

"사람이다."

"불행을 내려주는 사람은 누구인가?"

"하늘이다."

"하늘이 세상 사람들을 사랑하지 않는다면 어째서 사람과 사람이 서로 죽인다고 해서 하늘이 그들에게 불행을 내려 주겠는가?"

"나는 확신한다. '하늘이 세상 사람들을 사랑하고 있음을.' 따라서 우리는 하늘의 뜻을 따라야 한다."

"하늘의 뜻을 따르려면 어떻게 해야 하는가?"

"큰 나라가 작은 나라를 공격하지 않아야 한다. 큰 집안이 작은 집안을 빼앗지 않아야 한다. 강한 자는 약한 자의 것을 겁탈하지 않아야 한다. 귀한 자는 천한 자에게 오만하지 않아야 한다. 얄팍한 꾀가 많은 자가 순진한 사람을 속이지 않아야 한다. 이렇게 하면 위로는 하늘에 이롭고, 가운데로는 귀신에 이로우며, 아래로는 세상 사람들에게 이로울 것이다. 세 가지가 모두 이롭게 되면 이롭지 않은 것이 없게 되리라.

하늘의 뜻을 어기는 자는 정반대다. 말도 이것과 다르고 행동도 이것과는 반대된다. 어긋나는 방향으로 마구 달려가는 것과 같다. 큰 나라는 작은 나라를 공격하고, 큰 집안은 작은 집안을 뺏고, 강한 자는 약한 자의 것을 겁탈하고, 귀한 자는 천한 자에게 오만하고, 얄팍한 꾀가 많은 자가 순진한 사람을 속인다. 이것은 위로는 하늘에도 이롭지 않고, 가운데로는 귀신에게도 이롭지 않으며, 아래로는 세상 사람에게도 이롭지 않다. 세 가지가 모두 이롭지 않다면, 세상에 이로움을 주는 일은 없게 된다."

묵자가 다음과 같이 말을 이어간다.

"우리에게는 하늘의 뜻이 있다. 그것은 수레바퀴를 만드는 장인에게는 그림쇠가 있고 목수에게 굽은 자가 있는 것에 비유할 수 있다. 수레바퀴를 만드는 장인과 목수들은 그들의 그림쇠와 굽은 자를 가지고 세상의 네모꼴과 원을 재면서 이렇게 말한다. '들어맞는 것은 바른 것이고, 들어맞지 않는 것은 그릇된 것이다[中者, 是也. 不中者, 非也].'

지금 세상에 마음공부를 잘한 군자들의 책은 기록할 수 없을 만큼 많고, 그들의 이론은 헤아릴 수 없을 만큼 많다. 위로는 정치지도자들을 설복시키고 아래로는 여러 사람들을 설복시키려 하지만, 그들은 사람을 사랑하는 착한 마음과 정의의 차원에서 세상과 동떨어져 있다. 장인과 목수가 그림쇠와 굽은 자를 가지고 재어보는 것처럼, 내가 세상의 밝은 법도로 재어보니, 그런 사실을 알 만하다."

정의가 나오는 곳을 살펴 그 길을 따르라

묵자의 마음공부 방법은 《묵자》〈천지〉 중편에서 다음과 같이 이어진다.

"지금 세상에 마음공부를 했다는 사람들이 사람을 사랑하는 착한 마음씨와 정의를 실천하려면, 정의가 나오는 곳을 제대로 살펴야 한다[今天下之君子之欲爲仁義者, 則不可不察義之所從出]. 정의가 어디에서 나오는지 살피지 않고 마음공부를 운운하면 곤란하다. 정의는 어리석고도 천박한 자들로부터 결코 나오지 않는다. 반드시 귀하고 지혜로운 사람들로부터 나온다! 왜냐하면 정의는 훌륭한 정치를 하는 바탕이기 때문이다. 정의가 훌륭한 정치의 바탕인 이유는 정의가 바로 서면 세상이 올바르게 다스려지고, 정의가 바로 서지 않으면 세상이 어지러워지기 때문이다.

어리석고 천박한 자들이 귀하고 지혜 있는 사람들을 다스려서는 안 된다. 절대 그래서는 안 된다. 그것은 세상이 뒤집어지는 일이다. 마음공부가 되지 않은, 욕망에 가득 찬 존재들이 벌이는 이전투구에 휘둘릴 뿐이다. 그것 자체가 세상이 지옥처럼 혼란한 상황이다. 마음공부를 통해 지혜를 갖춘 후 어리석고 천박한 자들을 다스려야 한다. 이것이 내가 '정의는 어리석고 천박한 자들로부터 나오지 않고 반드시 귀하고 지혜 있는 사람들로부터 나온다!'라고 하는 근거이다."

"그렇다면 누가 귀하고 누가 지혜로운가?"

"하늘이 귀하고 지혜로울 따름이다. 이런 점에서 보면, 정의는 하늘로부터 나오는 것이다.

"최고지도자가 중간급지도자보다 귀한 것은 확연하고 분명하게 알고 있다. 그러나 하늘이 최고지도자보다 귀하고도 지혜롭다는 것은 알지 못하고 있다."

그러자 묵자가 말했다.

"내가 하늘이 최고지도자보다 귀하고 지혜롭다는 것을 아는 데는 그 근거가 있다. 그것은 최고지도자가 선을 행하면 하늘은 상을 줄 수 있고, 최고지도자가 포악한 짓을 하면 하늘은 벌을 줄 수 있다. 최고지도자에게 질병이나 재난 또는 불행이 생기면, 반드시 목욕재계 하고 정결히 술과 젯밥을 마련하여 하늘과 귀신에게 제사를 지낸다. 그러면 하늘은 그런 것을 없애줄 수가 있다. 그러나 나는 하늘이 최고지도자에게 행복을 빌었다는 사실은 알지 못하고 있다."

묵자는 하늘을 비유로 든 것이, 앞에서 언급했던 수레바퀴 만드는 장인이 그림쇠를 갖고 있고, 목수가 굽은 자를 갖고 있는 것과 다를 바가 없다고 했다. 지금 수레바퀴 만드는 장인은 그림쇠를 들고 세상의 둥근 것과 둥글지 않은 것을 재고 있다. 그들은 내 그림쇠에 들어맞는 것을 둥글다고 말하고, 내 그림쇠에 들어맞지 않는 것을 둥글지 않다고 말한다. 그래서 둥글고 둥글지 않은 것을 모두 알 수 있게 된다. 이러한 까닭은 무엇인가? 그것은 둥근 것에 대한 법도가 분명하기 때문이다.

목수 역시 그의 굽은 자를 들고서 세상의 직각과 직각이 아닌 것을 잰다. 그들은 자신의 굽은 자에 들어맞는 것을 직각이라 말하고, 자신의 굽은 자에 들어맞지 않는 것을 직각이 아니라고 말한다. 그래서 직각이 되고 직각이 아닌 것을 모두 알 수 있게 된다. 이러한 까닭은 무엇인가? 이 또한 직각에 관한 기준과 법도가 분명하기 때문이다.

다시 강조하지만, 그것은 기준과 법도의 문제다. 마음공부를 통해 무엇을 터득했고 그것이 세상에 어떻게 적용되어야 하는지의 준거 말이다. 묵자는 이를 하늘의 뜻으로 보고, 위로는 세상의 최고위급 지도자들이 형정(刑政)을 행하는 법도가 되고, 아래로는 세상의 모든 사람들이 공부를 하고 말을 하는 기준이 되는 것이라 했다.

사람의 행동을 보아 하늘의 뜻에 따르면 그것은 선한 덕행이고, 하늘의 뜻에 반하고 있다면 그것은 선하지 않은 덕행이다. 사람이 말하는 것을 보아, 그것이 하늘의 뜻에 따르고 있으면 그것은 선한 말이고, 하늘의 뜻에 반하고 있으면 그것은 선하지 않은 말이다. 지도자의 형정을 보아, 하늘의 뜻에 따르고 있으면 그것은 선한 형정이고 하늘의 뜻에 반하고 있으면 그것은 선하지 못한 형정이다. 그러므로 이것을 놓고 법도로 삼고 이것을 세워 놓고 기준으로 삼아, 세상의 지도자들이 선한지 그렇지 않은지를 재어본다. 이는 검은 것과 흰 것을 구분하는 일과 같다.

묵자가 시도하는 기준, 마음공부의 준거는 《묵자》〈천지〉 중편의 다음과 같은 글을 통해 정리해볼 수 있다.

지금 세상의 지도자들이 충심으로 인간의 길을 따라 사람들을 이롭게 하려고 한다면, 본질적으로 사람을 사랑하고 정의로운 행동이 무엇인지 그 근본을 살펴야 한다. 그것이 하늘의 뜻을 따르는 일이다. 하늘의 뜻을 따른다는 것은 다름 아닌 정의의 법도이다.

[今天下之王公大人士君子, 中實將欲遵道利民, 本察仁義之本. 天之意, 不可不順也. 順天之意者, 義之法也.]

세상이 혼란한 까닭은 무엇이겠는가? 세상 사람들이 작은 것에 대해서는 잘 알고 있으면서 큰 것에 대해서는 제대로 알고 있지 못하기 때문이다. 그것을 어떻게 알 수 있는가? 사람들이 하늘의 뜻에 밝지 않아서다. 묵자는 《묵자》〈천지〉 하편에서 다음과 같이 말했다.

경계하고 삼가라. 반드시 하늘이 바라는 일은 실천하고 하늘이 바라지 않는 일을 멀리해야 한다.

[戒之愼之. 必爲天之所欲, 而去天之所惡.]

하늘이 바라는 것은 무엇이며, 바라지 않는 것은 무엇인가? 하늘은 정의를 바라고 불의를 바라지 않는다. 왜냐하면 정의란 올바른 것이기 때문이다. 정의가 올바른 이유는 정의가 바로 서 있으면 세상이 잘 다스려지고, 정의가 바로 서 있지 않으면 세상은 어지러워진다.

그러나 올바름이라는 것은, 아랫사람이 윗사람을 올바르게 하는 일은 없다. 반드시 윗사람이 아랫사람을 올바르게 한다. 그러므로 사람들은 자기 멋대로 올바르게 될 수가 없고, 반드시 마음공부를 한 윗사람이 그들을 올바르게 해주어야 한다. 마음공부가 덜 된 사람의 경우 자기 멋대로 올바르게 될 수 없다. 그보다 더 마음공부가 탄탄한 사람이 올바르게 해주어야 한다.

마음공부를 탄탄히 하여 세상에 정의를 행하려는 사람은 반드시 하늘의 뜻을 따라야 한다. 이때 하늘의 뜻은 세상 사람 모두를 아우르는 일이다. 하늘의 뜻에 반한다는 것은 사람들 사이에 차별을 두는 것이다. 모두를 아우르는 길은 '정의를 바탕으로 다스리는 것'이며, 차별을 두는 것은 '폭압적인 힘으로 다스리는 것'이다.

정의롭게 다스리는 일은 큰 자는 작은 자를 공격하지 않고, 강한 자는 약한 자를 업신여기지 않으며, 많이 가진 자들은 적게 가진 자들을 해치지 않고, 사기꾼이 순진한 사람을 속이지 않으며, 귀한 자는 천한 자에게 오만하지 않고, 부유한 자는 가난한 자에게 교만하지 않으며, 청장년이 노인의 것을 빼앗지 않는 것이다. 그리하여 세상의 여러 나라들이 서로 해치는 일이 없는 것이다.

일을 하는데 위로는 하늘을 이롭게 하고, 가운데로는 귀신을 이롭게 하며, 아래로는 사람들을 이롭게 한다면, 이 세상에 이롭지 않은 게 없게 된다. 이것은 하늘의 덕망이다. 이런 방식으로 모든 일에 종사하는 사람이 다름 아닌 마음공부를 제대로 한 성인이자 지혜로운 사람이다. 자애롭고 효성스런 사람이다. 충실하고 은혜로운 사람이다. 사람을 사랑하고 정의로운 사람이다.

반대로 힘으로 다스리는 것은, 큰 자가 작은 자를 공격하고, 강한 자가 약한 자를 업신여기며, 많이 가진 자들이 적게 가진 자들을 해치고, 사기꾼이 순진한 사람을 속이며, 귀한 자가 천한 자에게 오만하고, 부유한 자가 가난한 자들에게 교만하며, 청장년이 노인의 것을 뺏는 것이다. 그리하여 세상의 여러 나라들이 서로 해치게 되는 것이다. 일을 하는데 위로는 하늘에 이롭지 못하고. 가운데로는 귀신에게 이롭지 못하며, 아래로는 사람들에게 이롭지 못하면, 이 세상에 이로운 게 없게 된다.

이것은 하늘의 도적이다. 이런 방식으로 모든 일에 종사하는 자들은 마음공부가 되지 않아 반란과 혼란을 일삼는 자들이다. 도적질과 남을 해치는 일을 하는 자들이다. 사람을 미워하고 불의를 저지르는 자들이다. 충실하지 않고 은혜롭지 않으며. 자애롭지 않고 효성스럽지 않은 자들이다.

　앞에서도 강조했듯이 묵자는 하늘의 뜻을 세워 놓고 그것을 법도로 삼았다. 수레바퀴를 만드는 장인에게 그림쇠가 있고 목수에게 굽은 자가 있듯이 말이다. 그것은 기준과 준거, 법도가 제대로 갖추어져 있는가, 그렇지 않은가의 문제다.

제8장

회남자,
마음을 쓰고
쉬지않으면
쓰러진다

–
정신은 인간의 몸과 마음이다

–

《회남자(淮南子)》는 중국 한대(漢代)의 사상을 대표하는 뛰어난 철학 저서다. 회남자 각 편의 내용은 원래 한 사람의 저술이 아니고 여러 사람이 분담해서 썼다. 때문에 아무리 체제를 통일하고 이론을 체계화했다고 해도 서로 모순되거나 중복되는 부분이 있고, 비논리적인 측면이 많다. 내용이 뒤섞여 혼란스럽다 하더라도 이 책은 한대 사람들의 마음에 있는 도가를 대표한다.

《회남자》는 한나라 때의 회남왕 유안과 그 손님들이 편집해서 지은 책이다. 현재 판본은 모두 21편이며, 맨 끝의 1편은《요략(要略)》이어서 본문은 사실 20편뿐이다. 이 21편은 원래 홍열(鴻烈)을 전체의 이름으로 했기에, 홍열지서(鴻烈之書)라고도 일컬었다. 원래 회남자는 내편 21편, 외편 33편이 있었으나, 외편 33편은 당시 유실되어 전하지 않게 되었다. 고유가 회남자를 주석했는데 '홍렬'이라고 했으나, 유향이 교정할 때 '회남'이라고 했다. 이것이 《회남자》라는 책의 유래다.

《회남자》는 그보다 100년 전에 이루어진, 《여씨춘추》의 체제를 본떠 식객을 동원하여 저술했다는 점에서는 유사하다. 그러나 《여씨춘추》가 유가 사상에 초점을 두고 있는데 비해, 회남자는 도가에 치우친다.

문제는 한대의 지식인들이다. 그들은 유가에 대해서는 공자와 맹자의 본래 취지를 이해하지 못했고, 도가에 대해서는 노자와 장자의 정확한 의미를 이해하지 못했다. 이때의 도가 사상 중에는 이미 음양오행설이 끼어들었다. 그뿐 아니라 유가나 묵가의 학설도 아울러 채택하고 있었고, 명가나 법가의 이론도 뒤섞여 있었다. 이것이 이른바 '도가의 잡가화(雜家化)', 혹은 '잡가적 도가'라고 부르는 이유다.

《회남자》〈정신훈(精神訓)〉 전편을 보면 자연에 대한 인식을 인간으로 옮겨와 인간행위의 근본이 어떻게 되어야 하는지, 그 시작을 알리고 있다. 주로 자연과 인간의 관계 속에서 인생의 태도, 정신경지가 어떠해야 하는지 언급하고 있어 마음공부와 관련하여 주목할 만하다. 즉 동양적 정신경지가 집약된 형태로 색다른 마음의 의미를 찾아볼 수 있다. 그것은 《회남자》〈요략(要略)〉의 다음과 같은 구절에서 확인할 수 있다.

정신이란 인간이 생겨나는 근원이다. 인간의 몸을 깨어나게 하고, 그 모습이 하늘과 짝한다. 혈기는 우레, 천둥, 비, 바람과 함께하고, 기쁨, 성냄은 밤낮의 추위, 더위와 견주며, 아울러 삶과 죽음의 구분을 분명히 살피고, 같고 다름의 자취를 구별하며, 움직이고 고요함의 기틀을 조절하여 그 성명의 핵심을 성찰하게 한다.

그것은 사람들에게 정신을 아껴 길러내고, 혼백을 어루만져 주며, 외부의 다른 사물로 자기를 바꾸지 않게 하고, 허무(虛無)의 집을 굳게 지키도록 만든 것이다.

인간의 무궁한 가능성은 정신에서 나온다

인간의 정신은 무엇인가? 그것은 마음인가, 영혼인가? 자연과 인간의 관계에서는 어떻게 드러나는가? 인간은 그 관계 속에서 어떠한 인생 태도를 가져야 하는가? 《회남자》〈정신훈〉에는 다음과 같은 언표로 사람의 마음과 정신을 정돈한다.

옛날에 아직 천지가 형성되지 않았을 때는 아무 형상이 없었다. 깊고 컴컴하고 흐릿하고 아득하고 까마득하고 훤해서 그 문을 알 수 없었다. 그러다가 두 신인 음과 양이 함께 나타나 천지를 만들어냈다. 그러나 너무나 깊숙하여 끝나는 곳을 알지 못하고 너무나 커서 멈추는 곳을 알지 못했다.

이에 나뉘어 음양이 되고 또 나뉘어 팔극(八極)이 되었으며 강유(剛柔)가 서로 어울려 만물이 형성되었다.

난잡한 기운은 벌레가 되고 깨끗한 기운은 사람이 되었다. 그러므로 정신은 하늘의 소유요, 뼈는 땅의 소유가 된다. 정신은 그 문으로 들어가고 뼈는 그 근본으로 돌아간다.

이는 천지가 형성되지 않았을 때의 모습과 인간의 탄생을 묘사한 것이다. 태초에는 모든 사물이 혼돈의 상태, 무형의 상태에서 헤아리기 어렵게 어우러져 있다. 그것이 나뉘어 음양이 되고, 또 나뉘어 팔극이 되면서 상호작용을 통해 세상만물을 낳는다. 이것은 태초에 우주만물이 형성되는 과정을 나타낸다.

《주역》〈계사(繫辭)〉에서 말했듯이, "역에는 태극이 있고 이것이 양의를 낳고 양의는 사상을 낳고 사상은 팔괘를 낳으니 팔괘는 길흉을 정하고 길흉은 대업을 낳는다"라는 사고와 같은 맥락이다. 또한 '태극에서 음양, 동정(動靜) 작용의 변화에 의해 만물이 변화하고 생성한다'라는 성리학의 우주관과도 연관된다. 그뿐 아니라 노자의 "도는 하나를 낳고 하나는 둘을 낳고 둘은 셋을 낳고 셋은 만물을 낳는다"라는 우주발생론과도 상통한다. 이런 만물의 탄생 과정이 인간에게 적용될 때, 대우주에서 소우주로 분화되어 나오는 인간의 탄생 과정을 추측할 수 있다.

〈정신훈〉에서는 인간의 탄생을 다음과 같이 간단명료하게 규정한다.

정신은 하늘로부터 받은 것이고, 형체는 땅으로부터 받은 것이다.

[夫精神者, 所受於天也. 而形體者, 所稟於地也.]

　이는 하늘과 땅의 동시 작용에 의한 인간의 형성을 말하고 있다. 즉 우주자연의 유기적 구성이 인간의 몸이라는 유기체에 그대로 전해졌고, 천지자연의 질서가 인간의 몸으로 구현되었음을 의미한다.

　그렇다면 정신이란 무엇이며 형체란 무엇인가? 정신이란 천지만물의 정기이고, 신령스러운 뜻이며 마음의 신묘함과 같다. 정력이자 활력이기도 하다. 다시 말하면 정신이란 인간에게 가장 핵심적인 '몸의 알맹이'이며 보이지 않는 물질이다. 그러기에 정신의 개념은 무궁한 가능성으로 남아 있는 존재 양태이며 잠재 가능태이다. 형체는 정신을 품고 있는 육체나 신체를 의미하는데, 단순한 고기 덩어리로서의 육체가 아니라 정신의 존재 기반이 되는 모든 물질적 조건을 말한다. 따라서 인간의 정신과 형체는 그것이 유기적으로 구성되었을 때 비로소 인간 존재로 가능한 '몸'으로 나타난다.

　이 정신과 형체의 구체적 작용은 '신묘함' 그 자체다. 정신과 형체의 관계에서 모양이 있는 형체와 모양이 없는 정신을 굳이 나누어 설명하자면, 정신이 핵심적 알맹이가 된다. 이때 정신과 형체라는 몸의 중심 작용을 따지면, 핵심인 정신을 앞세워 '정신의 작용'으로 표현하게 된다. 다시 말하면 형체를 바탕으로 하는 몸으로서의 '정신'이다. 그것은 정신의 작용을 알 수 없다는 뜻이 아니라, 유기체의 상호관련에 대한 인간의 인식능력에 비추어볼 때, 쉽게 파악하기 어렵다는 의미다.

마음공부는 궁극의 경지를 위한 과정이다

인간은 정신과 형체, 즉 '몸'으로 구성된 이후에 구체적 행위를 실현할 수 있다. 이때 근본적인 태도, 정신 경지가 무엇인지 깨달아야 한다. 《회남자》〈정신훈〉에서는 인간의 최고 경지인 성인(聖人), 진인(眞人), 지인(至人)의 자세와 태도 구현을 궁극 목적으로 삼고 있다.

동양의 마음공부는 뉘앙스의 차이는 있지만 대부분 최고의 인간 실현을 위한 수양의 장치다. 때문에 인간의 사고와 실천에서 수양이 차지하는 비중은 매우 크다. '수기치인(修己治人)'을 지향하는 유가는 물론 '무위자연(無爲自然)'을 근본으로 하는 노장 사상, 그리고 '전미개오(轉迷改悟)'를 종지로 하는 불교에서도 그 논의 방식은 다르더라도 수양을 중시한다. 즉 모두 마음공부에 힘쓸 것을 강조한다.

마음공부는 사실 인생관이 어떠하냐에 따라 달라질 수 있다. 이때 마음공부는 자기 전진이요, 완성을 위한 몸부림이다. 즉 인간의 정신이자 형체인 몸이 자연과 인간과의 관계에서 어떤 상태에 처해야 하는가? 어떻게 행동할 것인가? 바로 그런 행위에 대한 수양의 실천이다.

그렇다면 최고의 정신 경지를 이룬 성스러운 인간은 어떤 존재인

가? 어느 정도의 마음공부를 달성한 인간인가?《회남자》〈정신훈〉에
서는 다음과 같이 결론을 내린다.

> 성인은 어느 때나 자기 자리에서 편안하고, 어떤 세상에서라도 자신이 하
> 는 일을 즐기는 존재다.
>
> [聖人, 因時以安其位, 當世而樂其業.]

성인은 시공간의 제약 없이 자신의 자리에서 편안히 자신의 일에
재미를 느끼는 사람이다. 그것은 유가의 중용(中庸)에서 말하는 최고,
최적의 상태를 지속하는 상황과도 통한다. 의도적인 좋음과 싫음이
있는 것이 아니다. 한 사물에서 좋음과 싫음의 구분이 사라지고, 사물
에 대해 그 자체, 본래 그대로에 처한다고 볼 수 있다. 바꿔 말하면 가
장 훌륭한 마음으로의 회귀다. 이것은《회남자》〈정신훈〉에서 정신과
형체를 어떻게 쓰는가에서 뚜렷이 드러난다.

> 마음은 형체의 주인이고, 정신은 마음의 보배다. 형체를 수고롭게 하고도
> 쉬지 않으면 쓰러지고, 정신을 쓰고도 쉬지 않는다면 다해버린다. 그러므
> 로 성인은 그것을 존귀하게 여기면서도 감히 넘어서지 않는다.
>
> [心者, 形之主也, 而神者, 心之寶也. 形勞而不休則蹶, 精用而不已則竭. 是故聖人貴
> 而尊之, 不敢越也.]

성인의 태도는 철저한 몸의 조절이며, 항상 적중하는 몸의 다스림이다. 여기에서 마음과 형체, 정신과 마음의 관계를 주의 깊게 볼 필요가 있다. 현대 심리철학(Philosophy of mind)에서는 '마음'을 '정신'과 같은 의미로 쓰고 있다. 다양한 심리현상들, 특히 의식의 본성, 어떤 종류의 사물을 의식하거나 그에 따라 실행할 수 있는 것들, 의식을 가진 것들에 수반되는 '심리현상'과 관계하는 분야 등, 의식의 제반 현상을 심리철학의 특성으로 제시한다.

그렇다고 마음이 바로 정신은 아니다. 형체가 정신을 지탱해주는 유형의 담보라면 마음은 정신을 지탱해주는 무형의 담보다. 무형의 담보와 유형의 담보가 정신의 존재를 가능하게 한다. 이때 정신의 최고 경지가 성인이다. 성인은 지신(至神)으로도 표현된다. 지신은 지극한 신으로 도덕 수양의 정점에 도달한, 마음공부가 제대로 된 인간으로 상정할 수 있다.

서구의 고대 사회, 특히 그리스의 경우 마음공부가 된 인간의 개념은 동양의 그것과 상통하는 면이 없지는 않으나 다른 이미지를 지니고 있다. 플라톤을 핵심으로 하는 그들의 사유는 철학자의 특성, 다시 말하면 마음공부를 한 인간의 모습을 다음과 같이 묘사한다.

그는 탁월한 지적 능력, 민첩한 이해력 그리고 학습에 대한 진지한 열의를 지니고 있는 사람이다. 그는 모든 하찮은 일을 싫어한다. 그는 언제나 사물을 전체적으로 보고 싶어 한다. 그는 자신의 목숨을 소중히 여기지 않으며 의례적인 선에 거의 관심을 갖지 않는다. 그는 매사에 관대하며, 많은 매력을 지니고 있다. 그는 진리, 정의, 용기, 그리고 극기의 친구나 친척과 같은 사람이다.

이러한 인간은 어린 시절부터 어른이 될 때까지 세심한 주의를 기울여 마음공부를 통해 만들어낼 수 있다. 특히 〈정신훈〉에 드러난 성인은 자연스럽게 마음공부를 지속한 존재로 그려진다.

－
온전하게 착한 본 모습을 추구하라
－

《회남자》에서 마음공부의 최고 경지가 성인이라면, 그 다음 정도의 마음공부를 한 인간은 진인(眞人)이다. 물론 마음공부가 경지에 오른 존재라 할 때 성인과 진인을 구별하기는 쉽지 않다. 진인은 우리말로 풀어쓰면 '참다운 인간'이다.

《회남자》〈정신훈〉에 다음과 같은 구절이 있다.

진인은 성(性)이 도(道)와 합한 사람이다. …… 배우지 않고도 알고, 보지 않고도 보며, 하지 않고도 이루고 …… 삶과 죽음을 한 번의 변화로 여기고, 만물을 하나의 종류로 생각하며 …… 대혼돈의 질박함에 합일하고, 지극히 맑은 곳의 가운데에 선다.

[眞人者, 性合于道也. …… 不學而知, 不視而見, 不爲而成 …… 以死生爲一化, 以萬

物爲一方 …… 契大渾之樸, 而立至淸之中.]

진인은 장자 철학에서도 중요한 개념이다. 흔히 '박대진인(博大眞

人)'이라고도 한다. 진인은 이른바 '무용(無用)의 용(用)', '부지(不知)의

지(知)'에 도달한 상태다. '무용의 용', '부지의 지'란 무엇을 말하는가?

지의 개념에서 보면, '무지'와 '부지'는 근본적으로 다르다. 무지는

그냥 모르는 상태이지만 부지는 이전에 가졌던 지를 버린 후에 도달

할 수 있는 다른 차원의 경지다. 전자가 자연의 소산이라면, 후자는

철저한 마음공부, 정신 수양의 산물이다.

진인은 끊임없는 마음공부와 정신 수양을 통해 완전한 자기의 성

을 회복한 도통한 사람이다. 성은 흔히 사람의 본성이자 사물의 본성

으로 생명, 생기, 성정 등을 말한다. 사람의 양기에 해당하는 것으로

성은 선한 것이다. 그렇다면 '인간성'이란 무엇을 말하는가? 진인은

어떠한 성을 마음공부나 정신 수양을 통해 온전하게 할 수 있는가?

대체로 '성(性)'이라는 글자는 '심(心;忄)'을 뜻으로 하고, '생(生)'을 소

리로 하는 형성문자로 심(心)과 생(生)을 합친 의미다. 성이란 글자의

본래 뜻은 '타고난 마음'이다. 인성에서 문제 삼는 '인간성'도 이에 기

초한다. '인간성'이란 일반적으로 사람이 태어나면서부터 지니고 있

는 본성을 가리킨다. 그것은 타고난 여러 능력과 성질, 혹은 후천적

노력에 의해 획득할 수 있는 다양한 능력과 성질의 잠재적 소질을 말

한다. 이 경우 심(心), 마음은 정신적 기능의 총체를 갖추고 있는 것으로 그 자체가 본성은 아니다. 마음만이 성에 관계하는 것이 아니라는 의미다. 그렇더라도 마음은 인간성을 결정하는 가장 중요한 요소다.

그런데 타고난 것만이 아니라 후천적으로 얻는 능력이나 성질까지 '본성'이라고 일컫는 경우가 있다. 이때는 타고난 본성이 변화하더라도 그 변화한 뒤의 것 또한 본성이 된다. 그리고 선천적이든 후천적이든 관계없이 사람이 된 까닭이 '인간성'이 되는 경우도 있다. 이때는 사람이 사람 이외의 다른 것과 어떻게 다른가라는 인간성의 특성이 주로 문제가 된다.

우리가 인간성을 논의할 때 '본성'의 개념이 위의 어느 것에 해당하는가를 명확하게 구별하기 어려운 경우가 많다. '본성'이라고 해도 그 개념이 일정한 것은 아니지만 대체로는 '타고난 본성'을 기본으로 하여 본성을 고려한다.

진인은 이러한 본성을 온전하게 착한 그대로의 본 모습으로 회복하는 존재다. 그것은 일종의 마음공부를 통해 착한 마음으로 회귀하는 작업으로 볼 수도 있다. 그러므로 어떤 행동을 해도 거리낌이 없고 두루 통한다. 두루 통하므로 차별이 있을 수 없다. 차별의 세계가 없으므로 《회남자》〈정신훈〉에서는 "삶과 죽음을 똑같이 생각하고, 자연스럽게 두려움이 없다. 변화를 한 가지로 여기기 때문에 밝아서 현혹되지 않는다"라고 강조한다.

사람됨에 어긋남이 없는 삶을 갈망하라

성인이나 진인처럼, 성스럽고 참다운 인간은 최고의 정신 경지에
이른 사람들이다. 그렇다면 '사람됨'에 이른 인간으로서 상당한 정신
경지를 확보한 지인(至人)의 세계는 어떠한가?
《회남자》〈정신훈〉의 다음 구절을 살펴보자.

지인은 뽑혀지지 않는 기둥에 의지하고, 막히지 않는 길을 가며, 다함이
없는 창고를 받고, 죽지 않는 스승에게서 배우며, 가서 도달하지 않는 데
가 없고, 도착하여 통하지 않는 곳이 없다.

[至人, 倚不拔之柱, 行不關之塗, 稟不竭之府, 學不死之師, 無往而不遂, 無至而不通.]

이런 인간 존재는 도덕 수양이나 마음공부가 상당한 경지에 이르
러 어떤 것에도 구애받음이 없는 자유인이다. 앞에서 언급한 성인이
나 진인과 더불어 자유자재, 구애받음이 없는 경지에 이른 존재다.
《장자》〈대종사〉에서 말하는 대통(大通)한 존재다. 대통한 인간은《회
남자》〈정신훈〉에서 다음과 같이 묘사된다.

눈이 밝아져도 보지 않고, 귀가 조용해져도 듣지 않으며, 입이 닫혀져 말
하지 않고, 마음이 버려져 생각하지 않으며, 총명을 버리고 크게 소박함으

로 돌아가고, 깨달으면서도 모르는 것 같고, 살아 있으면서도 죽은 것 같으며, 끝나면 근본으로 돌아간다. 아직 태어나지 않은 상태와 같아서 조화와 일체가 되고 삶과 죽음이 하나가 된다.

대통이란 모든 존재 속에 있으면서 그 모든 것들을 상호 결합시키는 존재다. 다시 표현하면 다양한 사상이 융합, 승화하여 궁극적인 통일을 이룬다. 이때 사람의 길은 모든 대립이 분리되지 않은 채 결합되어 있는 카오스적 현실이다. 때문에 이 최상의 현실 속에서는 나와 너의 차이, 사물들 사이의 모든 단계뿐 아니라 주관으로서의 자아 역시 소멸해버리고, 오로지 사람됨의 길만이 타당할 수 있다. 이런 사람됨의 길 가운데 최상의 인간, 지인(至人)은 자아로부터 자유로운 존재다.

그렇다면 지인에 도달하는 방법은 무엇인가? 그 마음공부는 어떤 양식이 되어야 하는가? 그것은 인간의 끊임없는 노력과 깨달음의 과정을 거친 후에 가능하다. 다시 말하면 정신 수양의 결과 최고의 경지에 이르렀을 때 성취할 수 있다. 유가에서 말하는 '하학이상달(下學而上達)' 가운데 '상달(上達)'의 정점에 비유할 수도 있다. 또한 그 정신 수양의 과정이란《주역》에서 말하는 '자강불식(自强不息)'의 자세와 다르지 않다.

이것의 구체적 방법론이 장자의 '양생(養生)'에서 드러난다. 양생의 방법적 이치는 인간성, 그 생명을 잘 길러 최고의 정신 경지에 이르게 하는 법칙, 마음공부의 절정이다.《장자》〈양생주(養生主)〉에 등장하는 포정(庖丁)이 소를 해체하는 이야기를 통해 그 이치를 성찰해보자.

제가 처음 소를 잡을 때는 눈에 보이는 것이 소뿐이었습니다. 그러나 3년 후에는 소가 보이지 않았고 지금 저는 영감으로 대할 뿐 눈으로 보지 않습니다. 즉 감관은 멈춰버리고 영감만 작용하고 있습니다. 그래서 소 몸뚱이 조직의 자연적인 이치를 따라서 뼈와 살이 붙어 있는 틈을 쪼개는 것이나 뼈마디에 있는 큰 구멍에 칼을 집어넣는 것이나 모두 자연의 이치를 따라 갈라져 나갑니다. 그래서 그 기술은 뼈와 살이 합친 곳에서는 칼이 걸린 적이 한 번도 없는데 하물며 큰 뼈에 부딪히는 일이야 있겠습니까?

훌륭한 포정은 1년에 한번 칼을 바꾸는데 그것은 살을 베기 때문입니다. 보통 포정은 한 달에 한 번 칼을 바꾸는데, 그것은 뼈에 칼이 부딪혀 칼이 무뎌지기 때문입니다. 그러나 지금 저의 칼은 19년 동안이나 썼고 또 잡은 소도 수천 마리나 되지만 그 칼날은 지금 막 새로 숫돌에다 간 것 같습니다.

저 뼈에는 틈이 있고 칼날에는 두께가 없습니다. 두께가 없는 것으로 틈이 있는 데다 넣으므로 넓고 넓어 그 칼날을 휘둘러도 반드시 여유가 있습니다. 그러므로 19년이 되었어도 그것은 지금 막 숫돌에다 갈아낸 것 같습니다. 그러나 막상 뼈와 살과 심줄이 한데 얽힌 곳을 만났을 때는 저도 그 다루기 어려움을 보고 조심하여 곧 눈길을 멈추고 행동을 천천히 하며 칼을 놀리는 것도 아주 미묘해집니다. 그러다가 쩍 갈라지면 마치 흙덩이가 땅에 떨어지듯 고기가 와르르 헤집니다. 그때야 칼을 들고 일어서서 사방을 둘러보며 머뭇머뭇 만족해하며 칼을 잘 닦아 집어넣습니다.

소를 잡아 해체시키는 방법에서 생명을 길러 보존하고 지속하는 원리가 무엇인지 잘 드러난다. 그것은 수양한 사람의 자세이자 마음 공부의 과정에서 최상에 자리하는 법칙이다. 소를 잘 잡는 사람은 힘을 들여 소의 살이나 뼈를 자르지 않는다. 그 사이 세계를 이용하여 힘들여 자르지 않고도 해체한다. 소가 아파할 겨를도 없이 조용히 해체되는 순간이다. 상대인 소도 아프지 않고 소를 잡는 나도 힘들지 않은 생명에 대한 경외다.

'양생'은 사물들 상호간에 이루어지는 생명의 교환이자, '영원한 생명'을 약속하는 활력의 보전이다. 이것은 생명을 길러 개인적 완성을 의도하는 것이 아니다. 살아 움직이는 활력을 무한하게 추구하는 작업으로 생명력을 보존하고 지속한다. 이런 양생의 마음공부를 통해 가장 높은 경지에 이른 사람의 특징은 《회남자》〈정신훈〉에서 다음과 같이 요약된다.

본성과 감정을 다스리고, 심술을 다스리며, 화기를 양성하고, 알맞음을 지니며, 도를 즐기고, 천함을 잊어버리며, 덕에 편안히 있으면서 가난함을 잊는다. 본성이 억지로 하고자 아니하여도 하고자 하면 안 되는 일이 없으며, 마음이 즐기려고 하지 아니하여도 즐기고자 하면 즐겁지 아니한 것이 없다.

[理性情, 治心術, 養以和, 持以適, 樂道而忘賤, 安德而忘貧. 性有不欲 無欲而不得, 心有不樂 無樂而弗爲.]

이처럼《회남자》〈정신훈〉에서 보여주는 마음공부는 성인, 진인, 지인의 경지에 도달하여, 사람됨에 어긋남이 없는 삶을 영위하라는 것이다. 이는 결코 가만히 앉아 아무것도 하지 않으면서 이룰 수는 없다. 가장 힘이 드는 정신 수양, 마음공부를 통해 달성되는 최상의 경지이자, 최고로 어려운 단계이다. 이 어려운 단계란, 도달하기에 불가능한 상황이라서 어려운 것이 아니라, 도달하는 데 장애 요소가 너무나 많음을 의미한다. 이 장애 요소란 바로 인간의 사악한 욕망이다. 현실생활에서 사악한 욕망을 이겨내어 마음을 보존하고 지속하는 것이 마음공부의 본질적 차원이다.

제9장

불교,
모든 것은
마음이 지어낸다

자아를 깨닫고 끊임없이 수양하라

지금까지 유교의 맹자에서 회남자에 이르기까지 동양사상의 다양한 마음공부의 문제를 훑어보았다. 그러나 동양사상에서 마음의 문제를 가장 집요하게 담고 있는 사유는 불교다. 따라서 이번 장에서는 마지막으로 불교에서 다루는 마음공부의 문제를 다뤄보고자 한다.

불교는 아주 쉬운 듯하면서도 매우 난해하다. 더구나 구체적 수행을 하지 않고 이론적으로 인식할 때, 그것의 진리를 파악하기란 더욱 어렵다. 무엇이 그렇게 만드는가? 한마디로 불교는 '깨달음'을 핵심으로 하기 때문이다. 그렇다면 도대체 깨달음이란 무엇인가?

불교적 깨달음은 '마음'에서 시작되어 '마음'에서 이루어진다. 그래서 불교를 '마음의 종교'라고 부른다. 이를 잘 드러내고 있는 것이 바로 유식론(唯識論)이다. 마음에서 마음으로 전하는, 이심전심(以心傳心)의 방법으로 불교는 진리를 드러낸다. 마음의 깨달음, 마음공부, 그것은 끊임없는 수행, 자기 조절의 과정을 거친다.

불교에서 인간의 현실은 '괴로움(Suffering)' 그 자체다. 그 원인은 그릇된 행위에 있다. 그릇된 행위는 자기 자신과 세계의 참 모습을 올바로 알지 못하는 정신적 미혹에서 기인한다. 불교는 바로 자기 자신과 세계의 참 모습을 올바로 알게 하려는 '깨달음'의 종교다. 인간은 깨달음을 통해 자신의 삶을 바르게 하고 밝게 만들어 자연스럽게 행복을 실현하게 된다. 이렇게 볼 때, 불교 사상에 기초한 마음공부의 방향이나 목적은 지식의 축적이나 전문 기능의 습득이 아니다. 깨달음, 정신적 자각이 보다 본질적인 것이다.

불교에서는 깨달음, 자아의 각성을 매우 중시한다. 마치 소크라테스가 "너 자신을 알라. 너 자신을 탐구하라"라고 설파했던 것처럼, 혹은 현대 실존 철학에서 각성의 문제를 명석하게 분석했던 것처럼, 불교에서도 '각성'이 일차적으로 요구된다. 그런데 인간의 자아 각성은 직관적으로, 비약적으로 이루어진다고 한다. 이것이 '돈오(頓悟)'다. 비약적 각성인 돈오를 통해 인간의 현실 세계는 가치론적으로 새로운 의미를 지니게 되고, 삶의 전환을 가져온다.

그러나 이 돈오로 삶의 문제가 종결되는 것은 아니다. 인간은 과거에서 현재, 미래를 지속적으로 살아가는 유기체이므로 몸에 밴 습성

까지 비약적 각성을 통해 말끔하게 쓸어버리지는 못한다. 따라서 돈
오 이후 끊임없는 수양을 통해 점차 닦아나가는 '점수(漸修)'가 요구
된다. 이것이 돈오점수(頓悟漸修)다.

불교적 관점에서 마음공부의 본질은 인간의 깨달음, 내면적 자각
과 통한다. 그 마음공부의 정점에 불타가 있다. 불타는 깨달은 사람,
밝은 사람, 따뜻한 사람으로 지혜와 자비를 상징한다. 깨달음은 본질
적으로 스스로 깨닫는 자각을 의미한다. 따라서 불타는 '자각적 인간
형', 혹은 '자주적 인간형'이다. 자주적 인간형은 궁극적으로 불타까
지도 벗어 던진다. 특히 선가(禪家)에서는 "본분을 바로 들어 보일 때
는, 불타나 조사도 아무런 공능이 없는 것이다"라고 하여 스스로의 깨
달음을 가장 중시했다.

마음을 안정시켜 산란함을 막아라

불교의 마음공부를 말하면서, 원효를 끄집어내는 이유는 간단하
다. 그는 "모든 것은 마음이 지어낸다!"라고 선언했다. 물론 불교의 기
본 이론과 수많은 불교의 선각들이 그렇게 말했지만, 원효의 사유는
독창적 이론을 창출했고 세계적으로 영향을 미치고 있기 때문이다.

원효의 사상은 한 마디로 '화쟁(和爭)'으로 요약할 수 있다. '화쟁'이
란 쟁론을 화합하는 것이다. 원효는 당시 유행하던 사조인 유(有)와

무(無)의 대립, 진(眞)과 속(俗)의 차별 등 그 사이에 벌어진 쟁론을 어떤 식으로든 화합시키려고 했다. 그것은 그의 불교학적 노력이다.

우리에게 너무나 잘 알려져 있듯이, 원효는 의상과 함께 두 번째 당나라 유학을 시도한다. 이때 해골 물을 마시고 깨달음을 얻었다. 그리고 의상과 헤어져 유학을 포기했다. 이때 모든 것은 마음이 만들어낸 것, 즉 일체유심조(一切唯心造)임을 확연히 깨달았다. 이 일심(一心), 한 마음이야말로 화쟁 논리의 최종 귀착지다.

원효가 제기했던 화쟁은 스스로 논쟁 속에 뛰어들고, 동시에 그 주장을 넘어서는 나름의 논리를 창출하는 작업이다. 해골 물을 마시고 당나라 유학길을 포기한, 원효의 오도송(悟道頌). 그 깨달음의 노래는 화해의 심금을 울린다.

심생즉종종법생[心生則種種法生]

마음이 일어나면 온갖 현상이 일어나고.

심멸즉촉루불이[心滅則髑髏不二]

마음이 가라앉으면 해골 물과 맑은 물 둘이 아니라네.

삼계유심[三界唯心]

세상사는 마음에서 일뿐이고,

만법유식[萬法唯識]

모든 이치는 인식일 뿐이네.

심외무법[心外無法]

마음 밖에 현상이 없는데,

호용별구[胡用別求]

어디서 따로 구하겠는가!

원효가 오도송을 불렀듯이 자기를 찾아, 삶을 찾아, 진정한 마음을 보았으리라. '모든 것은 마음이 만들어낼 뿐'이라는 '일체유심조'처럼, 원효는 모든 주장을 일심(一心)으로 귀착시킨다. 그는 화쟁의 논리에서 최고의 진리태를 공통분모로 제시한다. 원효의 화쟁 논리는 그가 가장 높이 평가했던 화엄(華嚴) 사상의 '상즉상입(相卽相入)'을 진리태로 제시한다.

이유는 간단했다. 세상과 인간에 관한 올바른 인식을 알리기 위해서다. '상즉상입'은 문자 그대로 보면, '서로 나아가고 서로 들어간다'는 의미다. 사물 사이의 삼투처럼 무차별의 세계, 즉 하나가 되는 세상이다. 서로 걸림 없이 녹아드는 원융(圓融)의 세계다. 그것은 원효가 제시했던 화쟁의 강령과 마음자리를 통해 확인할 수 있다.

원효는 화쟁을 위해 다섯 가지 행동 강령을 제시했다. 첫째, 베풀어주라. 둘째, 윤리를 지켜라. 셋째, 참고 용서하라. 넷째, 부지런히 힘쓰라. 다섯째, 마음을 가라앉히고 고요히 그 깊음을 보라.

이 실천은 각자의 몫이다. 나는 무엇을 했을까? 우리는 무엇을 했을까? 하나로 꼭 집어 말하기는 어렵다. 하지만 돌아보건대, 베풀고 참고 용서하고 부지런히 애쓰며, 고요한 마음의 심연을 융합한 현묘

한 느낌은 몸짓의 근저에 남아 있다. 그리하여 원효가 애타게 갈구했던 '마음자리'를 음미하며 다시 다가올 '마음공부'를 열망한다.

마음을 내면으로 안정시켜 산란함을 막고, 차분하고 고르게 안주하며, 편안하게 하고, 대상에서 멀리하고, 안으로 가까이 머무르게 하며, 한결같은 마음을 유지하자!

굶주린 허기는 달래도, 어리석은 마음은 고칠 줄 모른다

마음공부를 완성한 사람이 평온한 상태에 놓이는 것은 오랜 세월 동안 욕심을 끊고 고행한 결과다. 마음공부가 되지 않은 사람들이 불타는 집에서 맴돌고 있는 것은 끝없는 세상의 탐욕을 버리지 못했기 때문이다. 원효의 《발심수행장》 구절을 살펴보자.

천당으로 가는 길을 누가 막던가? 아무도 막지 않는다. 하지만 그곳에 가는 사람이 적은 이유는 세상의 번뇌를 자기의 재물처럼 여기기 때문이다. 유혹이 없는데도 나쁜 세계에 들어가는 사람이 많다. 왜냐? 세상의 욕망을 마음의 보배로 삼기 때문이다. 그 누군들 마음공부를 할 생각이 없겠는가? 하지만 사람들은 그렇게 하지를 못한다. 왜냐하면 애욕에 매여 있기 때문이다.

[無防天堂, 少往至者, 三毒煩惱, 爲自家財; 無誘惡道, 多往入者, 四蛇五欲, 爲妄心寶.]

산속으로 들어가 마음공부를 하지는 못할지라도, 자기의 능력을 존중하고 착한 일을 버리지 말라. 세상의 욕망을 버리면 성현처럼 공경받을 수 있고, 어려운 일을 참고 이기면 부처님처럼 존경받을 수 있다.

재물을 아끼고 탐하는 것은 악마와 같은 무리이고, 자비로운 마음으로 베푸는 것은 훌륭한 분의 가르침이다. 높은 산과 험한 바위는 지혜로운 사람이 거처할 곳이고, 푸른 소나무가 들어선 깊은 골짜기는 마음공부를 하는 사람이 살아갈 곳이다. 굶주리면 나무 열매로 허기를 달래고, 목마르면 흐르는 물을 마셔 갈증을 풀어라. 아무리 맛있는 음식을 먹어도 이 몸은 언젠가 죽을 것이고, 아무리 값비싼 비단옷을 입어도 목숨은 끝내 끊어지리라.

메아리 울리는 바위굴을 마음공부의 집으로 삼고, 구슬프게 울어대는 기러기를 마음의 벗으로 삼으라. 마음공부를 할 때 차가운 바닥에 무릎이 시릴지라도 따스한 난로를 생각하지 말고, 굶주려 허기에 지쳐도 먹을 것을 생각하지 말고 참을 필요가 있다. 100년 세월은 잠깐이다. 어찌 배우지 않는가! 일생의 시간은 얼마 되지 않는다. 마음을 닦지 않고 놀기만 해서야 되겠는가!

아무리 재주가 많은 사람도 마음공부를 하지 않고 사는 사람은 가엾다. 재주가 부족하더라도 마음공부를 하며 정진하는 사람은 성현도 기쁘게 여긴다. 재주와 학문이 많더라도 마음공부를 하지 않으면 보물이 있는 곳에 가려고 하면서도 길을 떠나지 않는 것과 같다. 마음공부를 부지런히 해도 지혜가 없는 사람은 동쪽으로 가려고 하면서

서쪽으로 향하는 것과 같다. 지혜로운 사람이 하는 일은 쌀로 밥을 짓는 것이고, 어리석은 사람이 하는 짓은 모래로 밥을 지으려는 것과 같다. 사람들이 밥을 먹고 굶주린 허기를 달랠 줄은 알면서도 마음공부를 하여 어리석은 마음을 고칠 줄은 모른다. 행동과 지혜를 갖추는 일은 수레의 두 바퀴와 같고, 자기도 이롭고 남도 이롭게 하는 것은 새의 두 날개와 같다. 세상의 욕망과 시끄러움을 벗어버리고 맑고 깨끗한 천상의 세계로 올라가는 데는 마음공부가 사다리가 된다.

원효의《발심수행장》에는 다음과 같이 쓰여있다.

마음공부가 없는 허망한 몸은 아무리 길러도 이익이 없다. 덧없는 목숨은 아무리 아껴도 보전하지 못한다. 마음공부를 온전히 하려면 끝없는 고통을 참아야 한다.

[無行空身, 養無利益, 無常浮命, 愛惜不保. 望龍象德, 能忍長苦.]

공부를 하는 사람의 마음이 깨끗하면 사람들이 모두 찬탄하고, 공부하는 사람이 이성을 생각하면 마음이 산란해진다. 세상의 향락은 또 다른 고통이 뒤따르게 마련이다. 무엇을 그토록 탐하는가? 한번 참으면 오래도록 즐거울 텐데 어찌 마음을 닦지 않는가! 마음공부 하는 사람이 탐욕을 내는 것은 공부하는 사람의 수치이고, 마음공부 하는 사람이 재산을 모으는 것은 세상의 웃음거리가 된다.

마음공부에 끝이 없는데 세상의 욕망을 버리지 못하며, 핑계가 끝이 없는데 마음에서 끊으려고 하지 않는구나! 오늘이 끝이 없는데 나쁜 짓은 날마다 늘어만 가고, 내일이 끝이 없는데 착한 일 하는 날은 많지 않다. 시간은 지나고 지나 어느새 하루가 흐르고, 어느덧 한 달이 되며, 한 달 두 달이 흘러 문득 한 해가 되고, 한 해 두 해가 바뀌어 어느덧 죽음에 이르게 된다. 부서진 수레는 굴러가지 못하고 늙은 사람은 마음공부를 할 수 없다. 누워서는 게으름만 피우고 앉으면 생각만 산만해진다.

마음공부는 하지 않고 세월만 보냈으니, 남은 시간도 마음을 닦지 않을 텐가! 이 몸은 곧 죽고 말 것인데, 내 인생 어떻게 할 것인가? 마음공부! 이 어찌 급하고 급한 일이 아닌가!

때로는 침묵이 필요하다

조선시대에 들어서면서 불교는 굴절을 겪는다. 그 가운데 휴정은 조선 불교 역사상 아주 중요한 인물이다. 유학이 풍미하던 사회에서 교리적으로 수많은 종파가 분열되어 있던 것을 통일했고, 유교, 불교, 도교의 합일을 주장하면서 불교의 전환기를 맞이하게 한 장본인이기 때문이다. 휴정의 마음공부는 그의 대표적 저서인 《선가귀감(禪家龜鑑)》에서 확인할 수 있다.

여기에 한 물건이 있는데, 본래부터 한없이 밝고 신령스러워, 일찍이 나지도 않고 죽지도 않으며, 이름을 붙일 수도 모양을 그릴 수도 없다.

이는 휴정이 세상을 바라보는 하나의 관점을 우리에게 일러준다. 한 물건은 원[圓:○], 즉 일원상이다. 태극도의 무극(無極)과 비슷한 원초적 세계상을 지시하고 있는 듯하다. 휴정의 세상 보기는 당시 유행하던 유교든 도교든 불교든 모두 이 한 물건을 잡고 그것을 이해하는 방식의 차이일 뿐, 실제는 이 한 물건으로 보면 두루 통해 있다는 인식이다. 이 때문에 휴정의 사상을 대개 삼교 회통으로 이해한다. 그러나 어디까지나 휴정이 중심으로 삼은 건 불교다. 이는《선가귀감》〈서문〉에서 구체적으로 확인할 수 있다.

만일 여기 수많은 불교의 이치 가운데 주요하게 추려 놓은 말로써 엄격히 스승으로 삼아 끝까지 연구하여 묘한 이치를 깨닫게 된다면, 구구절절이 석가모니께서 살아 계실 것이니 힘쓰기 바란다.

휴정은 불교의 관점에서, 그 엄청난 깨달음의 방법과 진리에 도달하는 나름의 방법을 고민했다. 그 결과 가장 핵심이 되는 말들을 골라, 보다 깨달음과 진리에 접근하는 방법을 제시하려고 고민했다. 휴정이 제시하는 마음공부의 방법은 다음의《선가귀감》구절로 확인할 수 있다.

깨달음, 지혜의 눈, 고해를 건너 즐거운 저 언덕에 오르는 것!

[至於越苦海而登樂岸者.]

다시 강조하면, 불교는 근본적으로 자아의 각성, 깨달음에 의거하고 있다. 그러나 이를 푸는 해법은 다양하다. 그래서 "법에도 여러 가지 뜻이 있고, 사람에게도 다양한 기질이 있으니 여러 가지 방편을 베풀지 않을 수 없다"라고 했다. 마음공부의 궁극적 목적은 개인적인 측면에서 보면, 전통적으로 개인의 완성, 즉 인격 완성에 있다. 불교의 깨달음은 완전한 개인의 완성을 의미한다. 이에 대해《선가귀감》에서는 이렇게 말한다.

법이란 한 물건이요 사람이란 중생이다. 법에는 변하지 않는 것과 인연을 따르는 이치가 있고, 사람에게는 단박에 깨치는 이와 오래 닦아야 하는 기질이 있으므로, 문자나 말로 가르치는 방편이 없을 수 없다.

[法者, 一物也, 人者, 衆生也. 法有不變隨緣之義, 人有頓悟漸修之機, 故不妨文字語言之施設也.]

이것은 필연적으로 마음공부 내용을 유도한다. 그 마음공부 내용의 중심은 선(禪)과 교(敎)이다.

선은 불타가 마음을 전한 것이고 교는 말을 한 것이다. 즉 마음과 언어(말)

가 선과 교이다. 그런데 깨달음은 말보다 침묵이 앞선다. 선은 다르게 표현하면 말없음으로써 말없는 데에 이르는 것이고, 교는 말로써 말없는 데에 이르는 것이다.

설명을 통해 밝혀지는 것이 아니라 마음에서 마음으로 전하는 일, 말없는 데에 이름. 이 침묵의 긴 대화가 바로 깨달음으로 가는 길이다. 그것은 선이나 교나 마찬가지다. 그러나 궁극은 말없음의 지속인 마음에서 얻어진다. 즉 말과 말없음이 모두 말없음으로 해소된다. 이는 마음 작용에 의해서만 드러날 뿐이다. 그래서 '일체유심조'라고 한다. 그렇다면 마음이란 무엇이며 무엇을 마음에서 자득하는가? 본래부터 한없이 밝고 신령한 일원(一圓), 그것은 도대체 무엇인가? 마음 공부의 의도적 행위는 어떻게 견줄 수 있는가?

마음의 문제는 아직도 완전히 해명하지 못한 중요한 관심거리다. 자기의 마음 상태를 스스로 안다는 것은 참으로 어려운 일이며, 결국은 불가능, 불가득(不可得)한 작업이다. 그러니 "마음으로써 마음을 구했으나 얻을 수 없었다"란 말이 나올 수밖에 없다. 현대 심리 철학에서는 심리 현상을 "어떤 곳에서는 서로 교차하고 중복하며 평행하는, 또 어떤 곳에서는 갈려지는 커다란 도로망"으로 설명하기도 한다. 마음공부가 마음의 문제와 관련되면 아주 복잡해진다. 왜냐하면 모든 인간은 제각기 다른 마음 상태를 유지하면서 보편적 마음으로 지향하고 있기 때문이다.

선가에서는 "교문에서는 오직 한 마음의 법만을 전했고, 선문에서는 오직 견성하는 법만을 전했다. 마음은 거울의 바탕과 같고, 성품은 거울의 빛과 같다. 성품은 스스로 맑고 깨끗한 것이므로 즉시 깨우치면 바로 본마음을 얻는다"라는 설명으로 마음의 문제를 해명한다. 세계의 이치는 마음에서 하나로 꿰뚫어져 있다. 한 마음의 법이 그것이다. 그리고 마음은 이미 하나의 바탕으로 자리하고 있다. 중요한 것은 성품에 따라 어떻게 깨닫느냐의 문제다. 이는 《선가귀감》에 다음과 같이 나와 있다.

마음에는 두 가지가 있다. 하나는 본바탕의 마음이요, 다른 하나는 무명의 형상만 취하는 마음이다. 또 성품에도 두 가지가 있다. 하나는 근본법의 성품이요, 다른 하나는 성품과 모양을 마주 대한 성품이다. 그러므로 선을 닦는 이나 교를 배우는 이들이 다 같이 미혹하여 이름에만 집착하고 알음알이를 내어 오해를 일삼는다.

[心有二種, 一, 本源心, 二, 無明取相心也. 性有二種, 一, 本法性. 二, 性相相對性也. 故禪教者, 同迷守名生解, 或以淺爲深, 或以深爲淺, 爲觀行大病.]

그렇다면 공부하는 사람이 가장 먼저 알아야 할 것은 무엇인가? 무엇을 배워야 하고 어떤 것을 깨우쳐 가야 하는 지에 대한 판단력과 변별력이다.

다시 《선가귀감》을 살펴보자.

배우는 사람은 먼저 불타의 참다운 가르침으로 변하지 않는 것과 인연에 따르는 두 가지 뜻이 내 마음의 성품과 형상이며, 단박 깨치고 점점 닦는 두 가지 문은 공부의 시작과 끝임을 자세히 가려 안 뒤에 교의 뜻을 버리고 오로지 그 마음이 뚜렷이 드러난 한 생각으로 공부한다면, 반드시 얻는 바가 있을 것이다.

마음공부를 가늠하는 기준은 판단력이다. 우리는 어떤 것을 배워야 하고 어떤 것을 마음공부에서 경계해야 하는가? 어떤 것이 이 시대에 필요하고 삶을 살찌우는가? 불교 선가에서는 불변하는 것과 인연에 따라 바뀌는 것을 깨닫는 일이다. 그리고 돈오점수의 길을 취해 교를 버리고 선의 길을 탐구하라고 강조한다. 아니 부처의 말씀인 교를 선에 입문하는 하나의 방편으로 인식하고, 언젠가는 버려야 할 것으로 이해한다. 그래서 우리는 수많은 이론과 실천 중 '실천'에 무게중심을 둔다. 이런 맥락에서 말 – 교 – 이론, 말없음 – 선 – 실천으로 간략히 도식할 수 있겠다.

–

마음이 깨달은 바대로 행하라

–

그렇다면 어떤 마음공부를 해야 하는가? 앞에서 우리는 교를 통해 나아간 선의 중요성을 간략히 보았다. 선가에 의하면, 공부하는 이는 활구(活句)로부터 시작한다. 즉 의미 없는 말, 무언가 잘 모르는 그것, 말도 안 되는 말로부터 출발한다. 이것이 선이다. '개가 불성이 없다', '뜰 앞에 잣나무', '삼 서근', '마른 똥막대기' 같은 말들. 이 도대체 무슨 말인가? 의미맥락을 따지는 사구(死句)에서는 도대체 통하지 않는 말이다.

선은 인간의 간절한 마음 자체에서 나오는 것일 따름이다. 마치 닭이 알을 품듯, 고양이가 쥐를 잡을 때와 같이, 주릴 때에 밥 생각하듯, 목마를 때 물 생각하듯, 어린애가 엄마를 생각하듯 하는 것 등 마음에서 저절로 우러난 것이지 억지로 꾸며낸 것이 아니다.

마음공부도 마찬가지다. 인간의 간절한 마음공부, 그것은 자연성의 발로에서 출발해야 한다. 첫 번째 공부 방법이 바로 이것이다. 하고 싶은 대로 하라! 마음이 깨달은 대로!

그러나 이 마음공부는 세 가지 요건을 갖추어야 한다. 그것은 신심과 분심과 의심이다. 즉 깨달은 사람이 되기 위해서는 믿음이 근본이 되어야 한다. 그리고 공부를 하는 이는 먼저 뜻을 세워야 하며, 마음공부의 화두를 의심해야 한다. 그렇지 않는다면 큰 병이 된다. 크게 의심하면 할수록 크게 깨친다. 그런데 우리 인간은 무언가를 알아맞히려 하고, 생각으로 헤아리려 하며, 깨닫기를 기다린다. 이런 사고 작용은 깨달음과 진리의 세계로부터 멀어지는 길일 따름이다.

중요한 것은 마음공부의 현상이 아니라 근본이다. 원래 목적했던 마음공부 내용을 제대로 실천하고 있는지, 깨달은 바를 마음으로 지속시키고 있는지가 중요하다. 다시 마음의 문제, 마음공부는 어떤 것인가? 우리는 이미 오래 전에 그것을 깨달았다. 입시 지옥, 인간성 상실 등 수많은 병폐를 깨달았다. 그렇다면 병폐를 고치는 길을 다 알고 있다는 말이다. 이제는 실천해가면 될 뿐이다.

하지만 공부는 마치 거문고의 줄을 고르듯 팽팽하고 느슨함이 알맞아야 한다. 조급히 하면 혈기가 고르지 못하여 병이 나고, 잊어버리면 흐리멍텅해 귀신의 굴로 들어가게 된다. 느리지도 않고 빠르지도 않게 되면 오묘함이 그 가운데 있다. 그런데 말로만 배우는 무리들은 말할 때에는 깨친 듯하다가도 실제 경계에 당하게 되면 도리어 미혹하게 되니 이른바 말과 행동이 서로 어긴 자다. 여기서 우리는 염불(念佛)의 마음공부를 생각해볼 필요가 있다.

이에 대해《선가귀감》에서는 다음과 같이 말한다.

염불이란 입으로 하면 송이요, 마음으로 하는 것이 염이니, 입으로만 부르고 마음으로 생각하지 않으면, 도를 닦는 데 이익이 없다.

[念佛者, 在口曰誦, 在心曰念, 徒誦失念, 於道無益.]

염불과 선은 마음공부의 두 방법으로서 선이 철저한 자력 공부라면, 염불은 아미타불의 원력에 의한 타력 공부다.

나무아미타불의 여섯 글자 법문은 바로 윤회를 벗어나는 지름길이다. 나무아미타불(南無阿彌陀佛)에서 나무는 범어로 나무스(Namus) 또는 나모(Namo)인데, 경례(敬禮)·공경(恭敬)·순종(順從)·귀의(歸依) 등의 뜻이 있고, 아미타(Amita)는 '한량없다'는 뜻이다. 따라서 '나무아미타불'이라고 하면, 한량없는 목숨과 광명을 지닌 불타에게 경례한다는 말이 된다. 마음으로는 불타의 경계를 생각하여 잊지 말고, 입으로는 불타의 이름을 부르되 분명하고 어지럽지 않게 해야 하니 이와 같이 마음과 입이 상응하는 것이 염불이다.

따라서 염불은 입과 마음으로, 보다 근본적으로는 마음으로 하는 것이지 입으로만 외우는 일이 아니다. 마음공부도 진정한 염불처럼 할 필요가 있다. 입으로 암송만 한다든가 지식의 측면에만 머무른다면 진정한 마음공부가 아니다. 마음에 체득하여 무언가를 느끼고 깨달으며 행위로 드러나야 한다. 즉 객관적 지식의 습득에만 그치는 것이 아니라 마음의 심금을 울리며 깨달음의 세계로까지 나아가야 하는 것이다.

이렇게 마음공부 하는 사람은 깊이 자기의 마음을 믿어 스스로 굽히지도 말고 높이지도 말아야 한다. 그러므로 마음공부의 요체는 일반 사람의 생각을 다하는 것일 뿐이지 따로 성인의 알음알이가 있는 것은 아니다. 마음공부는 일상을 벗어난 특별한 것이 아니다. 공자도 '유교무류(有敎無類)'라고 하여, 마음공부를 하는데, 계급에 따라 달리하거나 똑똑하고 우둔함의 차이에 따라 그 실시 여부가 결정되는 것은 아니라고 보았다.

모든 사람은 배울 수 있다. 누구나 자신의 깨달음 가운데 그 깨달음을 궁극으로 밀고 나아가면 되는 것이다. 그러나 어려운 점은 "이치는 비록 단박에 깨칠 수 있으나 실제 일에서는 단박에 다스려지지 않는 다"는 점이다. 우리 인간은 세상 가운데 수많은 일에 부딪히며 살아간 다. 어떻게 하는 것이 도리인지 뻔히 알지만 실제 삶에서는 마음대로 되지 않는 일이 너무나 많다. 마음공부는 그런 점에서 어렵다. 왜냐하면 인간 세계는 다음과 같은 상태에 처해 있는 경우가 많기 때문이다.

음란하면서 공부하는 것은 모래를 쪄서 밥을 지으려는 것과 같고, 살생하면서 공부하는 것은 제 귀를 막고 소리를 지르는 것과 같으며, 도둑질하면서 공부하는 것은 새는 그릇에 가득 차기를 바라는 것 같고, 거짓말하면서 공부하는 것은 똥으로 향을 만들려는 것과 같으니, 비록 많은 지혜가 있더라도 모두 잘못된 길로 가는 것이다.

우리는 많은 지혜를, 혹은 지식과 정보를 소유하고 있다. 그러나 그 지혜가 인간 자신의 본래를 회복하기 위한, 진정한 자아실현을 위한 것이 아니라면, 우리의 마음공부는 가닥을 잘못 잡고 있는 것이다. 인간의 욕구를 다섯 단계로 설명한 매슬로의 경우도 최고의 욕구인 자아실현을 할 수 있는 인간은 1퍼센트 정도에 불과하다고 했으니, 어쩌면 자아실현, 깨달음 자체가 불가능한지도 모를 일이다.

마음공부는 교감할 때 시작된다

불교적 관점에서 마음공부의 본질은 인간의 깨달음, 내면적 자각이다. 그런데 그 마음공부라는 것의 정점에 시사점을 줄 만한 사례가 있다. 불교 선종의 최고 기록으로 꼽히는《벽암록》, 그곳에 실려 있는 유명한 '줄탁(啐啄)'의 이야기다.

어느 날 한 스님이 경청 화상에게 찾아와서 말했다.
"저는 이미 대오개발(大悟開發)의 준비가 되어 껍질을 깨뜨리고 나가려는 병아리와 같습니다. 부디 화상께서 껍질을 쪼아 깨뜨려 주십시오. 이끌어 주시면 곧 깨달음의 경지로 나아갈 수 있습니다."
그러자 경청 화상이 말했다.
"정말 그렇게 하여 깨달을 수 있을까?"
다시 스님이 말했다.
"제가 깨닫지 못하면 화상에게는 줄탁의 솜씨도 살활(殺活)의 칼도 없는 셈이 됩니다. 그렇게도 유명하신 분이 깨달음의 직전에 있는 일개 중도 제대로 이끌지 못했다고 하면 세상의 웃음거리가 되지 않겠습니까?"
경청 화상이 말했다.
"이런 멍청한 놈!"
그 스님은 경청 화상에게 함부로 대들었다가 혼이 난 셈이다. 새끼와 어미가 서로 모르거늘, 누가 알아서 함부로 쫀단 말인가! 톡톡 쪼면 번쩍 깨어 나련만, 그 스님은 아직 껍질 속에 있다. 거듭 얻어맞는데도 세상의 스님들은 부질없이 겉만 더듬고 있다.

줄탁의 비유는 엄정(嚴整)하다. 그것은 '서로 모른다'는 사실에 기인한다. 모르는데 어찌 함부로 쫄 수 있겠는가? 서로 누구인지 모르는 데 어찌 함부로 사람 사이에 형성되는 삶의 모델을 제시할 수 있는가? 세상을 살아가는 사람과 사람, 인간의 모습이 이처럼 어렵다. 어쩌면 우리의 마음공부가 이런 것은 아닌가?

"병아리가 쪼고 어미 닭이 쪼으니 병아리가 눈떠 껍질이 없어졌다. 병아리와 어미 닭의 분별도 모두 잊어버린다. 인연에 따라 어긋남이 없으니, 같은 길에서 함께 노래하여 하나가 된다."

이 비유는 달걀이 어떻게 부화하는 지 설명하고 있다. 우리가 잘 알고 있을 것이라고 생각하는 병아리의 탄생은 간단한 과정이 아니다. 병아리가 달걀 속에서 껍질을 문지르는 것을 줄(啐)이라 하고, 어미 닭이 밖에서 달걀 껍질을 쪼는 것을 탁(啄)이라 한다. 우리는 병아리와 어미 닭이 동시에 쪼는 행위 가운데 한 생명의 탄생이라는 존재의 본래성을 확인한다. 이것이 불교적 각성이자 거룩한 마음공부의 상징이다.

이 줄탁의 예화에서 파생된 염원이 이른바 '줄탁동시(啐啄同時)'다. 다시 설명하면, 병아리가 탄생할 때, 계란 속에 있는 병아리는 안에서 부리로 문지르고, 어미 닭은 그 낌새를 알아채고 밖에서 쪼아주는 일이 동시에 일어난다. 이때 병아리와 어미 닭은 어떤 교감을 할까? 말로 형용하기 힘든 줄탁의 순간, 우리는 전율을 느낀다. 수많은 인간이 다양한 환경에 어울려 있는 이 사회에서, 그것은 어떤 의미를 담지하고 있을까?

　이런 차원에서 어미닭과 병아리 사이에 이루어지는 마음의 교감, 그 마음공부는 모르는 세계에서 앎의 세계로 들어올 때, 가능하다. 즉 무지(無知)에서 지(知)로의 전환, 병아리와 어미 닭의 유기적 인식! 달걀이 부화할 때, 병아리가 계란의 안쪽에서 문지르고 어미 닭이 바깥에서 껍질을 쪼아 그 시기가 딱 들어맞을 때 달걀 껍질이 깨지고 새 생명이 탄생한다. 줄탁동시! 이것은 불교적 시각에서 최고의 마음 교환이요 공부다.

에필로그

마음공부를 위한 18가지 물음

　마음은 분명히 존재한다. 가슴 깊숙한 곳에서 느껴지는 심장으로 약동하면서, 보이지 않는 정신으로 번뜩이기도 한다. 유학에서 불교에 이르기까지, 묵자, 순자, 한비자, 관자, 장자, 회남자 등 선현들의 사상도 들추어보았다. 그들이 일관되게 강조하는 것은 바로 '마음을 바르게 하라는 것!'이다.

　책을 끝내면서 그렇다면 조선 후기, 최고의 학문 군주였던 정조는 마음에 대해 어떤 공부를 했을까 궁금해졌다. 그는 젊은 시절 다산 정약용과 학문을 논의하기도 했으며, 최고지도자로서 고뇌에 찬 정책 지도를 펼쳤다. 그가 남긴 책문 중에 '마음'에 관한 것이 보였다. 그것을 간략하게 소개하면서 다시, 마음공부의 한 가닥 실마리를 찾는 심정으로 에필로그를 대신한다.

정조가 마음의 문제를 화두로 던졌던 18개의 물음을 통해 다시 한 번 우리의 마음을 살펴보고, 이 물음들에 답을 할 수 있을 때까지 끊임없이 마음공부에 정진하도록 하자.

1. 마음이란 우리 몸을 주재하는 존재이자, 모든 조화의 근본이다. 모든 사물의 이치를 본체로 하고 그 기운을 작용으로 삼아 이치와 기운 사이에 처해 있으면서 이치와 기운의 중심이 된다. 그렇다면, 마음은 이치인가? 기운인가?

2. 깨닫게 되는 것을 마음의 결이라 하고, 깨달을 수 있는 것을 마음의 기운이라고 한다면, 깨닫게 되는 것은 덕망에 속하고 깨달을 수 있는 가능성은 몸에 속한다고 해야 하지 않겠는가?

3. 마음은 본성에 비하면 미미하다. 하지만 흔적이 있다. 그렇다면 마음은 이치도 아니고 기운도 아닌 별개의 물건으로 존재한다는 말인가?

4. 감정은 본성이 움직인 것이고, 의지는 마음의 펼쳐진 것이다. 그렇다면 맹자가 사단(四端)을 말하면서 본성을 마음이라고 한 것은 무슨 뜻인가?

5. 어떤 사람은 '마음에 선과 악이 있다'라고 하고, 어떤 사람은 '사람의 감정은 자연스럽게 방탕하게 되는 것이다'라고 한다. 누구 말이 맞는 것인가?

6. '손가락이 굽어져 펴지지 않는다'라고 한 것에서, 손가락을 마음에 비유한 것이라면, 마음이 사람의 몸 가운데 하나의 부분이 된다는 말인가?

7. 맹자가 '우산(牛山)이 반질반질하다'라고 한 것에서, 우산의 나무를 마음에 비유한 것이라면, 마음도 만물 가운데 하나의 물건이라는 말인가?

8. 화를 내는 것은 마음을 두고 있기 때문에 생겨나는 병이다. 보아도 보이지 않고 들어도 들리지 않는 것은 마음을 쓰지 않기 때문에 생기는 병이다. 그렇다면 마음을 쓰는 것도 병이고, 마음을 쓰지 않는 것도 병이라는 말인가?

9. 알묘조장(揠苗助長)의 고사가 일러주듯이, 어린 싹을 억지로 잡아당겨서 자라는 것을 도와주려 했던 것은 송나라 사람이 오로지 한 곳에만 전념하는 마음 때문이다. 바둑을 배우는 사람이 기러기가 오는 것을 생각하는 것은 다른 것에 정신이 팔려 있기 때문이다. 그렇다면 전념하는 것도 해롭고 방심하는 것도 해롭다는 말인가?

10. '빈 방에 순백의 빛이 생기는 것을 보니 좋은 일이 모이게 된다'라는 말은 마음이 살아 있음이 그림과 같다는 뜻이다. '마음에 정성과 공경을 담고 있는 것은 차라리 무심한 것만 못하다'라는 어느 서민의 한 마디 말도 들을 만하다. 그렇다면 이 두 상황에서 득실을 분별할 수 있겠는가?

11. 천지는 무심한데,《역경》에는 '천지의 마음을 볼 수 있다'라고 했고, 초목은 무심한데,《예기》에는 '송백(松柏)같은 마음이 있다'라고 했다. 이미 혈기가 흐를 관이 없는데, 그 밝은 마음은 어디에 담겨 있는가?

12. 세상 사람들의 마음은 제각기 바라는 욕심이 다르다. 그런데《대학》에서는 사람들의 마음을 헤아리고 배려하는 일인 '혈구(絜矩)'를 말하고 있다. 성인(聖人)과 범인(凡人)의 마음은 하늘과 땅보다도 차이가 심한데《논어》에는 자기충실과 타자배려인 '충서(忠恕)'를 말하고 있다. 좋아하거나 싫어하는 것이 다른데, 다른 사람을 이해하고 배려한다는 마음이 가능한가?

13. '하늘의 빛과 구름, 그림자가 함께 돌아간다'는 의미의 '천광운영(天光雲影)'은 어떠한 심법(心法)이며, '맑은 날의 바람과 비갠 날의 달'이라는 의미의 '광풍제월(光風霽月)'은 어떠한 흉금(胸襟)인가?

14. 뜬금없는 생각과 부질없는 사려는 어디에서 일어나 어디로 사라지는가?

15. 양지양능(良知良能)은 어린아이의 순수한 마음인데, 어른은 순수한 마음을 잃지 않는다고 했다. 그 실제 사례를 지적할 수 있겠는가?

16. 유교는 허령불매(虛靈不昧)를, 불교는 지각(知覺)을, 도가는 혼백(魂魄)을 마음으로 설정했다. '마음'은 하나인데, 견해는 세 가지 층으로 나뉜다. 하나의 가슴인데, 세 종류의 마음이 있는 것인가?

17. 마음이 보존되지 않을 때, '먼 여행을 떠난 것 같다'라고도 하고, '주인이 출타한 것과 같다'라고도 한다. 이때 마음의 집은 누가 지키는가?

18. 세상의 모든 일을 맡은 사람이 도리어 세상에 맡겨지고, 어떤 사안을 장악하여 부리는 사람이 오히려 그 사안에 부림을 당한다면, 이때 마음은 누구에게 소속되어 관리되는 것인가?

참고문헌

- 《시경(詩經)》
- 《서경(書經)》
- 《주역(周易)》
- 《예기(禮記)》
- 《순자(荀子)》
- 《묵자(墨子)》
- 《관자(管子)》
- 《장자(莊子)》
- 《회남자(淮南子)》
- 《근사록(近思錄)》
- 《심경(心經)》
- 《대학장구(大學章句)》
- 《논어집주(論語集註)》
- 《맹자집주(孟子集註)》
- 《중용장구(中庸章句)》
- 《발심수행장(發心修行章)》
- 《선가귀감(禪家龜鑑)》

- 존 듀이(John Dewey), 김준섭 옮김,《확실성의 탐구》, 백록, 1992.
- 칼 구스타프 융(Carl Gustav Jung). 이부영 외 옮김,《인간과 무의식의 상징》, 집문당, 2000.
- 신창호,《인간 왜 가르치고 배우는가》, 서현사, 2003.

국립중앙도서관 출판시도서목록(CIP)

마흔은 어떻게 단련되는가? : 동양고전에서 찾은 마음공
부의 힘 / 지은이: 신창호. ─ 고양 : 위즈덤하우스, 2015
p. ;   cm

참고문헌 수록
ISBN 978-89-6086-880-9 03100 : ₩12800

고전(작품)[古典]
인생훈[人生訓]

199.1-KDC6
179.7-DDC23   CIP2015030740

동양고전에서 찾은 마음공부의 힘
마흔은 어떻게 단련되는가

초판 1쇄 인쇄 2015년 11월 17일
초판 1쇄 발행 2015년 11월 25일

지은이 신창호
펴낸이 연준혁

출판 2분사 1부서
편집장 김남철
편집 정지은
디자인 김준영
기획분사 배민수

펴낸곳 (주)위즈덤하우스 **출판등록** 2000년 5월 23일 제13-1071호
주소 경기도 고양시 일산동구 정발산로 43-20 센트럴프라자 6층
전화 031)936-4000 **팩스** 031)903-3891
홈페이지 www.wisdomhouse.co.kr

값 12,800원   ISBN 978-89-6086-880-9 03100